粤港澳大湾区
金融科技发展报告

（2018—2020）

广东互联网金融协会
广东金融学院中国金融转型与发展研究中心　编著

中国金融出版社

责任编辑：张菊香
责任校对：张志文
责任印制：张也男

图书在版编目（CIP）数据

粤港澳大湾区金融科技发展报告.2018—2020/广东互联网金融协会，广东金融学院中国金融转型与发展研究中心编著.—北京：中国金融出版社，2020.6
ISBN 978-7-5220-0597-3

Ⅰ.①粤…　Ⅱ.①广…②广…　Ⅲ.①地方金融—科技发展—研究报告—广东、香港、澳门—2018-2020　Ⅳ.①F832.765

中国版本图书馆 CIP 数据核字（2020）第 069697 号

粤港澳大湾区金融科技发展报告（2018—2020）

YUE-GANG-AO DAWANQU JINRONG KEJI FAZHAN BAOGAO（2018—2020）

出版
发行　　中国金融出版社

社址　北京市丰台区益泽路 2 号
市场开发部　（010）66024766，63805472，63439533（传真）
网上书店　http://www.chinafph.com
　　　　　　（010）66024766，63372837（传真）
读者服务部　（010）66070833，62568380
邮编　100071
经销　新华书店
印刷　保利达印务有限公司
尺寸　185 毫米×260 毫米
印张　10.5
字数　184 千
版次　2020 年 6 月第 1 版
印次　2020 年 6 月第 1 次印刷
定价　38.00 元
ISBN 978-7-5220-0597-3
如出现印装错误本社负责调换　联系电话（010）63263947

序　言

　　以互联技术（移动互联与物联网）、分布式技术（云计算与区块链）、大数据、人工智能和信息安全等为代表的金融科技的出现，创造出了新的业务模式、应用、流程或产品，从而对金融市场、金融机构或金融服务的提供方式产生重大影响，给金融行业带来了真正意义上的深刻变革。作为科技与金融相融合的产物，金融科技正不断打破现有金融的边界，深刻改变着金融业的运作方式。随着金融科技的兴起，金融科技领域迅速成为全球金融机构、投资人、科技公司、创业者聚焦的热点产业，各类业务主体通过科技创新、资本投资等方式进入这一产业，形成了多元化的金融科技生态体系。可以说，金融科技不仅成为金融行业发展的驱动力，更成为中国经济高质量发展的内在动力源泉。

　　当前，金融科技的发展正处在第三个阶段，即金融智能化（金融科技3.0）阶段。在金融科技发展的每一个阶段，以深圳、香港、广州为核心城市的粤港澳大湾区都处于全国领先地位。粤港澳大湾区包括香港、澳门两个特别行政区，以及广州、深圳、珠海、佛山、惠州、东莞、中山、江门、肇庆等珠三角九市。粤港澳大湾区总面积5.6万平方公里，2018年末总人口达7115.98万人，是我国开放程度最高、经济活力最强的区域之一，在国家发展大局中具有重要战略地位。

　　2019年2月，中共中央、国务院发布了《粤港澳大湾区发展规划纲要》，这是指导粤港澳大湾区当前和今后一个时期合作发展的纲领性文件。在粤港澳大湾区的经济格局中，金融业占据了重要地位。在全球金融中心排名中，香港、深圳、广州等城市屡屡上榜，并不断刷新排名纪录，显示了大湾区核心城市在全球金融领域的强大竞争力。金融科技的发展与应用，将使粤港澳大湾区的金融业发展更进一步。作为中国四大金融科技中心之一，粤港澳大湾区金融科技的发展具有得天独厚的条件。深圳、香港、广州三个核心城市，凭借优越的金融生态环境和金融中心地位，吸引了全球范围内众多的金融科技企业聚集，成为大湾区金融科技发展的主力军。大湾区的其他城市，大多经济实力突出，金融基础设施完善，产业体系完备，居民生活水平高，如能加以引导，协同发展，可以成为大湾区金融科技发展的强有力补充。

当前，粤港澳大湾区建设正如火如荼，深刻诠释着习近平总书记所说的"只争朝夕，不负韶华"的精神追求。作为大湾区几次金融科技发展浪潮的见证者，我们一直希望能梳理大湾区金融科技发展的脉络，总结大湾区金融科技发展的规律，提炼大湾区金融科技发展的经验，以望为粤港澳大湾区的金融建设贡献绵薄之力。2018 年初，这个计划终于被正式提上日程。历经 2 年多，在各位同仁的共同努力下，本报告经过多次讨论、修订、补充和完善，终于即将付梓出版，我们深感欣慰。

本报告采集了粤港澳大湾区 2017 年至 2019 年的数据，运用理论、实证、案例研究等多种分析方法，全面、细致、客观地展现了粤港澳大湾区金融科技发展状况。本报告共分六章，主要内容如下：

第一章中，我们从粤港澳大湾区的建设背景出发，论述大湾区建设的重大意义，并从区位优势、经济实力、创新要素、国际化水平、合作基础等五方面论述了大湾区的发展基础，以及大湾区的战略定位与金融发展目标。

第二章中，我们论述了金融科技的关键技术以及最新进展，并分析了多元化的金融科技生态体系。通过比较京津冀、长三角、粤港澳、成渝等四大金融科技中心，本章梳理了金融科技的发展阶段，并对大湾区金融科技发展的阶段进行准确定位。

第三章中，我们分析了粤港澳大湾区金融科技发展的总体状况，阐述了大湾区金融科技发展的必要性，以及发展金融科技的六大优势。当前，粤港澳大湾区的金融科技发展呈现出金融科技发展环境优化、金融科技区域合作日趋紧密、金融科技生态融合发展、金融科技应用百花齐放、金融科技投融资持续活跃等特点。

第四章中，我们分别对粤港澳大湾区内的"9＋2"城市进行金融科技发展水平分析。通过构建金融业发展、金融科技环境、科技创新发展三个一级维度，以及 15 个二级指标，更具体的 33 个三级指标，构建了金融科技发展指数的指标体系。研究结果表明，深圳、香港、广州排名前三，并遥遥领先于其他大湾区城市。

第五章中，我们穿插了招商银行、平安集团、富途证券、腾讯等企业金融科技应用的案例分析，以更好地阐述粤港澳大湾区当前的金融科技业态。总的来看，以银行、保险、证券、信托等为代表的持牌金融机构正积极转型；以互联网支付、互联网股权众筹、互联网小贷等为代表的互联网金融在规范中寻求发展；以互联技术、分布式技术、大数据、人工智能、信息安全等为代表的金融科技企业正快速成长。

第六章中，我们对粤港澳大湾区的金融科技发展进行了展望。阐明了大湾区金融科技的发展目标，分析制约大湾区金融科技发展的问题，并提出了七个方面的对策建议。

本报告的主要目的，是希望能梳理粤港澳大湾区金融科技发展的现状，借鉴世界其他湾区，以及国内其他金融科技中心发展的先进经验，分析粤港澳大湾区金融科技发展的基础条件和优势，以期为大湾区金融科技的发展提出一定的政策建议。同时，本报告有望对相关政府单位、金融机构、金融从业者、金融专业学生，以及所有关心支持粤港澳大湾区金融建设的同仁们提供一定的参考和借鉴作用。

在本报告付梓之际，我们衷心感谢各位领导、专家等提出的宝贵修改意见；对参与立项、论证、调研、编著、修订、校对等相关人员致以敬意；同时感谢中国金融出版社编辑部参与本书出版过程的所有工作人员。报告中存在的疏漏和不足，肯请广大读者批评指正。

源于2019年底的新型冠状病毒肺炎疫情，是新中国成立以来在我国发生的传播速度最快、感染范围最广、防控难度最大的重大突发公共卫生事件（习近平，2020）。目前，中国疫情防控已初见成效。疫情一方面对金融行业造成巨大的冲击，另一方面也给金融科技发展带来了机遇。我们希望可以以本书为开端，大家能够在粤港澳大湾区金融建设的核心问题上达成共识。大湾区内各城市能够开放包容、合作共赢，不断推进金融科技的创新与应用，进而有效促进大湾区金融产业以及整体经济的转型、升级与发展，以尽快实现《粤港澳大湾区发展规划纲要》中所提的充满活力的世界级城市群，具有全球影响力的国际科技创新中心，"一带一路"建设的重要支撑，内地与港澳深度合作示范区，以及宜居宜业宜游的优质生活圈的宏伟目标。

《粤港澳大湾区金融科技发展报告（2018—2020）》编委会
2020年4月18日

目　　录

第一章　风起粤港澳大湾区

第一节　粤港澳大湾区的建设背景

一、粤港澳大湾区的由来

湾区是一个地理概念，是由于海洋（或湖泊）移动而形成的海岸凹入或海洋再入处，多用于描述"沿海抱湾"分布的众多港口和城市所构成的港口群和城市群。湾区作为陆海联系的重要结点，由此衍生的区域经济效应则称为湾区经济。

粤港澳大湾区环绕珠江入海口，包括香港、澳门，以及珠江三角洲的广州、深圳、珠海、佛山、东莞、中山、惠州、江门、肇庆九市，共 11 个地区（见图 1.1）。这一区域概念的出现最早可追溯到 2008 年 12 月，国务院颁布了《珠江三角洲改革发展规划纲要（2008—2020 年）》，提出支持粤港澳三地共同编制合作规划。2009 年 10 月，粤港澳三地政府在澳门联合发布了《大珠江三角洲城镇群协调发展规划研究》，提出"一湾三区"的空间结构优化策略，以及包含香港、澳门的"大珠江三角洲城市群"的构想。2014 年 1 月深圳政府工作报告中提出深圳将依托毗邻香港、背靠珠三角、地处亚太主航道优势，重点打造前海湾、深圳湾、大鹏湾、大亚湾等湾区产业集群，构建"湾区经济"。此时，粤港澳大湾区的概念尚不清晰，且主要存在于地方政府层面。

2015 年 3 月，在经国务院授权发布的《推动共建丝绸之路经济带和 21 世纪海上丝绸之路的愿景与行动》中，"粤港澳大湾区"的概念从国家层面得以正式提出，并在 2016 年 3 月颁布的国家"十三五"规划（2016—2020）中得到进一步确认。2017 年 7 月习近平主席在香港出席《深化粤港澳合作　推进大湾区建设框架协议》的签署仪式，协议中明确提出了大湾区建设的原则、重点领域和体制机制安排等内容。

2019 年 2 月 18 日，中共中央、国务院印发了《粤港澳大湾区发展规划纲要》（以下简称《纲要》），这是指导粤港澳大湾区当前和今后一个时期合作发展的纲领性文件。规划近期发展目标为到 2022 年，粤港澳大湾区综合实力显著增强，粤港澳合作更加深入广泛，区域内生发展动力进一步提升，发展活力充沛、创新能力突出、产业结构优化、要素流动顺畅、生态环境优美的国际一流湾区和世界级城市群框架基本形成。规划远期发展目标为：到 2035 年，大湾区形成以创新为主要支撑的经济体系和发展模式，经济实力、科技实力大幅跃升，国际竞争力、影响力进一步增强；大湾区内市场高水平互联互通基本实现，各类资源要素高效便捷流动；区域发展协调性显著增强，对周边地区的引领带动能力进一步提升；人民生活更加富裕；社会文明程度达到新高度，文化软实力显著增强，中华文化影响更加广泛深入，多元文化进一步交流融合；资源节约集约利用水平显著提高，生态环境得到有效保护，宜居宜业宜游的国际一流湾区全面建成。

图 1.1　粤港澳大湾区地域范围

（资料来源：课题组整理）

二、建设粤港澳大湾区的重大意义

《纲要》指出，建设粤港澳大湾区，既是新时代推动形成全面开放新格局的新尝试，也是推动"一国两制"事业发展的新实践，具有以下重大意义：

一是有利于丰富"一国两制"实践内涵，进一步密切内地与港澳交流合作，为港澳经济社会发展以及港澳同胞到内地发展提供更多机会，保持港澳长期繁荣稳定。

二是有利于贯彻落实新发展理念，深入推进供给侧结构性改革，加快培育发展新动能、实现创新驱动发展，为我国经济创新力和竞争力不断增强提供支撑。

三是有利于进一步深化改革、扩大开放，建立与国际接轨的开放型经济新体制，建设高水平参与国际经济合作新平台。

四是有利于推进"一带一路"建设，通过区域双向开放，构筑丝绸之路经济带和 21 世纪海上丝绸之路对接融汇的重要支撑区。

第二节　粤港澳大湾区的发展基础

一、区位优势明显

粤港澳大湾区地处我国沿海开放前沿，以泛珠三角区域为广阔发展腹地，在"一带一路"建设中具有重要地位。大湾区交通便利，拥有香港国际航运中心和吞吐量位居世界前列的广州、深圳等重要港口，2019 年，粤港澳大湾区货物出口金额约为 7.7 万亿元，在中国（包括香港、澳门）的出口占比达到 37%；同年，大湾区进口金额接近 7.29 万亿元，在中国（包括香港、澳门）的进口占比达到 39.86%。大湾区拥有香港、广州、深圳等具有国际影响力的航空枢纽，2019 年，在中国旅客吞吐量排名前 10 的机场中，广州白云机场、香港国际机场和深圳宝安机场分别位列第 3 位、第 4 位和第 6 位。大湾区便捷高效的现代综合交通运输体系正在加速形成，京广、京九铁路以及京港、沪深高铁也实现了粤港澳大湾区与内地的紧密连接。

二、经济实力雄厚

大湾区经济发展水平全国领先，2018 年，粤港澳大湾区地区生产总值达到 16000 亿美元，以占比不到 0.6% 的土地贡献了国内生产总值（GDP）的 12.4%，2019 年地区生产总值达到 16241.14 亿美元。2018 年人均地区生产总值约为 2.31 万美元，是同期全国人均 GDP 的 2.3 倍。有机构预测，2020 年粤港澳大湾区将成为全球第一大湾区经济体。大湾区还具有完备的产业体系，集群优势明显，经济互补性强，香港、澳门服务业高度发达，珠三角九市已初步形成以战略性新兴产业为先导、先进制造业和现代服务业为主体的产业结构。大湾区产业结构中第二产业占比 32.7%，第三产业占比 66.1%；对于服务业具有比较优势的城市，除了贸易占比高这一湾区共性外，其他细分服务业的发展各有千秋；对于制造业具有比较优势的城市，逐渐形成了珠江西岸的电气机械和家电以及珠江东岸的计算机等电子设备制造两个产业集群。

三、创新要素集聚

随着创新驱动发展战略深入实施，广东全面创新改革试验稳步推进，国家自主创新示范区加快建设。粤港澳三地科技研发、转化能力突出，拥有一批在全国乃至全球具有重要影响力的高校、科研院所、高新技术企业和国家大科学工程，创新要素吸引力强，具备建设国际科技创新中心的良好基础。粤港澳大湾区研发强度和企业的研发意愿均高于全国。2017 年，粤港澳大湾区（除香港、澳门）全社会研发强度达到 2.9%，高于全国水平的 2.1%；2018 年，广东研发经费投入达到 2704.7 亿元，位居全国第一；深圳的全社会研发强度达到 4.2%。2019 年广东研发经费支出增长到约 3000 亿元。从研发费用的构成看，粤港澳大湾区（除香港、澳门）90% 以上的资金来自企业，而全国的这一比例不到 76%。

四、国际化水平领先

香港作为国际金融、航运、贸易中心和国际航空枢纽，拥有高度国际化、法治化的营商环境以及遍布全球的商业网络，是全球最自由经济体之一。澳门作为世界旅游休闲中心和中国与葡语国家商贸合作服务平台的作用不断强化，多元文化交流的功能日益彰显。珠三角九市是内地外向度最高的经济区域和对外开放的重要窗口，在全国加快构建开放型经济新体制中具有重要地位和作用，广州与深圳在历年中国城市国际化水平排名中长期位居第三、第四位。以进出口总额/地区生产总值衡量的经济对外依存度为例，珠三角九市中除肇庆外，其他城市都要明显高于全国平均水平，其中东莞和珠海超过了 100%。在利用外资方面，2018 年珠三角九市实际利用外资规模高达 15%。

五、合作基础良好

香港、澳门与珠三角九市文化同源、人缘相亲、民俗相近、优势互补。近年来，粤港澳合作不断深化，基础设施、投资贸易、金融服务、科技教育、休闲旅游、生态环保、社会服务等领域合作成效显著，已经形成了多层次、全方位的合作格局。

第三节　粤港澳大湾区战略定位与金融发展目标

一、五大战略定位

根据《纲要》，大湾区发展战略定位为充满活力的世界级城市群，具有全球影响力的国际科技创新中心，"一带一路"建设的重要支撑，内地与港澳深度合作示范区以及宜居宜业宜游的优质生活圈。

（一）充满活力的世界级城市群

依托香港、澳门作为自由开放经济体和广东作为改革开放排头兵的优势，继续深化改革、扩大开放，在构建经济高质量发展的体制机制方面走在全国前列、发挥示范引领作用，加快制度创新和先行先试，建设现代化经济体系，更好地融入全球市场体系，建成世界新兴产业、先进制造业和现代服务业基地，建设世界级城市群。

（二）具有全球影响力的国际科技创新中心

瞄准世界科技和产业发展前沿，加强创新平台建设，大力发展新技术、新产业、新业态、新模式，加快形成以创新为主要动力和支撑的经济体系；扎实推进全面创新改革试验，充分发挥粤港澳科技研发与产业创新优势，破除影响创新要素自由流动的瓶颈和制约，进一步激发各类创新主体活力，建成全球科技创新高地和新兴产业重要策源地。

（三）"一带一路"建设的重要支撑

更好地发挥港澳在国家对外开放中的功能和作用，提高珠三角九市开放型经济发展水平，促进国际国内两个市场、两种资源有效对接，在更高层次参与国际经济合作和竞争，建设具有重要影响力的国际交通物流枢纽和国际文化交往中心。

（四）内地与港澳深度合作示范区

依托粤港澳良好合作基础，充分发挥深圳前海、广州南沙、珠海横琴等重大合作平台作用，探索协调协同发展新模式，深化珠三角九市与港澳全面务实合作，促进人员、物资、资金、信息便捷有序流动，为粤港澳发展提供新动能，为内地与港澳更紧密合作提供示范。

（五）宜居宜业宜游的优质生活圈

坚持以人民为中心的发展思想，践行生态文明理念，充分利用现代信息技术，实现城市群智能管理，优先发展民生工程，提高大湾区民众生活便利水平，提升居民生活质量，为港澳居民在内地学习、就业、创业、生活提供更加便利的条件，加强多元文化交流融合，建设生态安全、环境优美、社会安定、文化繁荣的美丽湾区。

二、四大金融发展目标

金融业包括银行、证券、保险等细分行业，是粤港澳大湾区经济的重要组成部分，对于湾区经济发展起到重要作用。《纲要》中提出，粤港澳大湾区金融发展要达到以下四大目标。

（一）建设国际金融枢纽

在发展目标上，明确了香港、广州、深圳、澳门四个中心城市在建设国际金融枢纽中的地位与作用。《纲要》提出，要发挥香港在金融领域的引领带动作用，巩固和提升香港国际金融中心地位，打造服务"一带一路"建设的投融资平台。要支持广州完善现代金融服务体系，建设区域性私募股权交易市场，建设产权、大宗商品区域交易中心，提升国际化水平。要支持深圳依规发展以深圳证券交易所为核心的资本市场，加快推进金融开放创新。要支持澳门打造中国—葡语国家金融服务平台，建立出口信用保险制度，建设成为葡语国家人民币清算中心，发挥中葡基金总部落户澳门的优势，承接中国与葡语国家金融合作服务。研究探索建设澳门—珠海跨境金融合作示范区。

（二）大力发展特色金融产业

在金融产业布局上，明确大湾区主要城市要发挥各自优势，发展特色金融产业。《纲要》指出，要支持香港打造大湾区绿色金融中心，建设国际认可的绿色债券认证机构。支持广州建设绿色金融改革创新试验区，研究设立以碳排放为首个品种的创新型期货交易所。支持澳门发展租赁等特色金融业务，探索与邻近地区错位发展，研究在澳门建立以人民币计价结算的证券市场、绿色金融平台、中葡金融服务平台。支持深圳建设保险创新发展试验区，推进深港金融市场互联互通和深澳特色金融合作，开展科技金融试点，加强金融科技载体建设。支持珠海等市发挥各自优势，发展特色金融服务业。在符合法律法规及监管要求的前提下，支持粤港澳保险机构合作开发创新型跨境机动车保险和跨境医疗保险产品，为跨境保险客户提供便利化承保、查勘、理赔等服务。

（三）有序推进金融市场互联互通

在市场一体化建设上，《纲要》提出要逐步扩大大湾区内人民币跨境使用规模和范围。大湾区内的银行机构可按照相关规定开展跨境人民币拆借、人民币即远期外汇交易业务以及与人民币相关衍生品业务、理财产品交叉代理销售业务。大湾区内的企业可按规定跨境发行人民币债券。扩大香港与内地居民和机构进行跨境投资的空间，稳步扩大两地居民投资对方金融产品的渠道。在依法合规的前提下，有序推动大湾区内基金、保险等金融产品跨境交易，不断丰富投资产品类别和投资渠道，建立资金和产品互通机制。支持香港机构投资者按规定在大湾区募集人民币资金投资香港资本市场，参与投资境内私募股权投资基金和创业投资基金。支持香港开发更多离岸人民币、大宗商品及其他风险管理工具。支持内地与香港、澳门保险机构开展跨境人民币再保险业务。不断完善"沪港通""深港通"和"债券通"。支持符合条件的港澳银行、保险机构在深圳前海、广州南沙、珠海横琴设立经营机构。建立粤港澳大湾区金融监管协调沟通机制，加强跨境金融机构监管和资金流动监测分析合作。完善粤港澳反洗钱、反恐怖融资、反逃税监管合作和信息交流机制。建立和完善系统性风险预警、防范和化解体系，共同维护金融系统安全。

（四）共建粤港澳金融合作发展平台

在金融合作发展平台方面，《纲要》提出要在深圳前海推进金融开放创新，拓展离岸账户（OSA）功能，借鉴上海自贸试验区自由贸易账户体系（FTA），积极探索资本项目可兑换的有效路径。支持香港交易所前海联合交易中心建成服务境内外客户的大宗商品现货交易平台，探索服务实体经济的新模式。加强深港绿色金融和金融科技合作。

在广州南沙建设金融服务重要平台。强化金融服务实体经济的本源，着力发展航运金融、科技金融、飞机船舶租赁等特色金融。支持与港澳金融机构合作，按规定共同发展离岸金融业务，探索建设国际航运保险等创新型保险要素交易平台。研究探索在广东自贸试验区内设立粤港澳大湾区国际商业银行，服务大湾区建设发展。探索建立与粤港澳大湾区发展相适应的账户管理体系，在跨境资金管理、人民币跨境使用、资本项目可兑换等方面先行先试，促进跨境贸易、投融资结算便利化。

在珠海横琴与澳门联手打造中拉经贸合作平台，搭建内地与"一带一路"相关国家和地区的国际贸易通道，推动跨境交付等服务贸易模式创新。

第二章　新兴科技重塑金融行业未来

第一节　金融科技及关键技术

一、金融科技概念辨析

什么是金融？金融通常解释为货币资金的融通，是实现资金在盈余者和短缺者之间调剂的基本机制。从中国金融发展现实看，这一解释显然有其局限性。金融的本质应是人们在不确定的环境中进行资源的时间配置，其主要发挥六大功能：一是在不同的时间、地区和行业之间提供经济资源转移的途径；二是提供风险管理的方法；三是提供清算和结算支付的途径以完成交易；四是为储备资源和在不同的企业中分割所有权提供有关机制；五是提供信息，帮助协调不同经济部门的决策；六是当交易中存在信息不对称时，提供解决激励问题的方法（Robert C. Merton，2010）。

那么，什么是科技呢？科技即科学技术：科学要解决的问题，是发现自然界中确凿的事实与现象之间的关系，并建立理论把事实与现象联系起来；技术的任务则是把科学的成果应用到实际问题中去。早期，科学技术应用于生产还只是偶然和不自觉的行为。随着商品经济的发展，科学技术广泛应用于社会生产。正如马克思所说，"生产过程成了科学的应用，而科学反过来成了生产过程中的因素即所谓职能。每一项发现都成了新的发明或生产方法的新的改进的基础"。[1] 从1760 年工业革命开始，人类社会经历了机器时代、电气时代、信息时代，现在开始进入智能革命时代。

---

① 马克思，恩格斯．马克思恩格斯全集（第一卷）[M]．中共中央马克思恩格斯列宁斯大林著作编译局，译．北京：人民出版社，1979.

金融发展的历史实质是一部科技应用的历史。从 15 世纪的简单分户账开始，技术进步不断地改变金融业的现状。经过 19 世纪 60 年代的电报发明到 20 世纪的电子信息化应用等一系列的技术创新，造就了全球金融机构和跨境批发市场所需的现代支付、清算和结算基础设施。随着 20 世纪 60 年代自动取款机（ATM）的问世、90 年代网上银行的出现以及 21 世纪移动银行的迅速崛起，客户办理金融业务更加开放和便捷，金融功能日趋完善。

近年来，人类社会科技创新呈现两大特征：一是科技进步呈现加速状态，重大的新科技进步之间的时间差不断地随着时间的推进而缩短。摩尔定律指出，集成芯片上的晶体管数量大约每两年翻一番。二是创新扩散的速度呈现加速。随着科技在社会中越来越普及，新的科技得到采用时所面临的阻力就变少。由于世界互联程度不断增强，新的科技在广阔的市场范围中得以推广，而且推广速度比过去快得多。特定科技被大规模采纳的年份如图 2.1 所示。

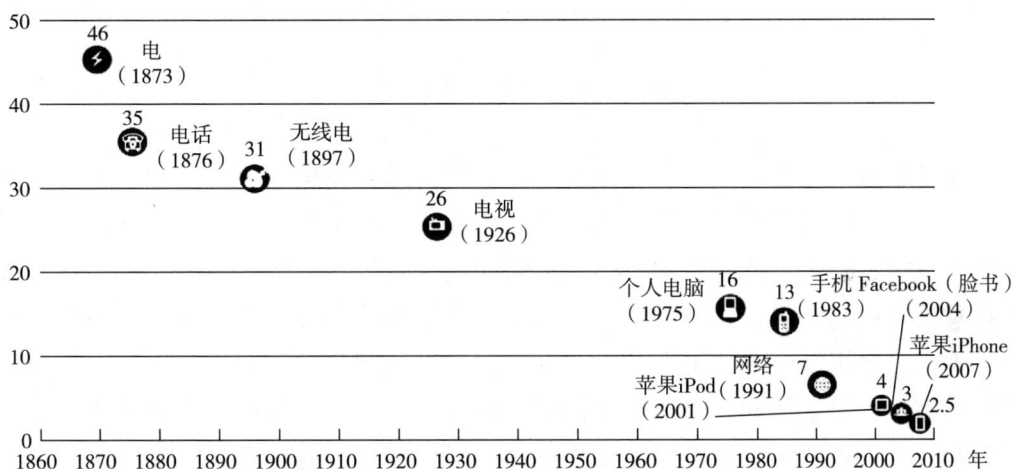

图 2.1　特定科技被大规模采纳的年份
（资料来源：《智能浪潮：增强时代来临》）

在这一背景下，金融科技（Financial Technology，FinTech）迅速成为全球金融机构、投资人、科技公司、创业者聚焦的热点产业。金融与科技的融合不断打破现有金融的边界，深刻改变着金融业的运作方式，日益推动金融业变革。根据金融稳定理事会的定义，金融科技是指通过技术手段推动的金融创新，能创造新的业务模式、应用、流程或产品，从而对金融市场、机构及金融服务产生重大影响［金融稳定理事会（FSB），2016］，中国人民银行在 2019 年 8 月颁布的《金融科技（FinTech）发展规划（2019—2021 年）》中采纳了此定义。从技术的角度来看，金融科技主要包括互联技术、分布式技术、大数据、人工智能和信息安全等

（见图 2.2）。金融服务提供方依靠这些技术手段，不断拓展金融服务发展的广度与深度，提升金融的功能。从金融创新的角度看，金融科技推动的创新有互联网与移动支付、网络融资、网络众筹、智能客服、大数据风控、智能理赔、物联网金融、数字货币等。

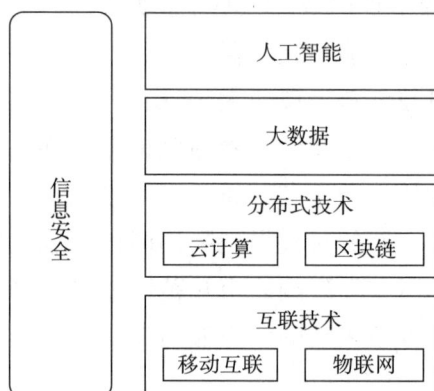

图 2.2　金融科技中的关键技术
（资料来源：课题组整理）

随着金融科技的兴起，各类业务主体迅速通过科技创新、资本投资等方式进入这一产业，形成了多元化的金融科技生态体系。我国的金融科技生态体系主要由监管机构、顾客、持牌金融机构、互联网金融机构、金融科技公司和金融科技孵化及投资机构组成（见图 2.3）。其中，监管机构包括国务院金融稳定发展委员会、中国人民银行、中国银保监会、工业和信息化部的国家权力机关，监管机构依据国家相关政策法规，对金融科技创新进行监管。顾客主要由个人消费者、小微企业、大中企业和政府机构等组成，他们形成了对金融服务的各种需求。持牌金融机构主要包括银行、证券、保险、信托公司等银行和非银行金融机构，由中国银行保险监督管理委员会和中国证券监督管理委员会监管，运用科技的手段为顾客提供全方面的金融服务。互联网金融机构主要是指新兴的非银行支付机构、网络借贷信息中介机构和互联网众筹等机构，它们主要是运用移动互联网、大数据等技术为顾客提供某一细分领域的创新金融服务。金融科技公司包括传统的信息科技企业和新兴的科技创业团队，它们主要为监管机构、顾客、持牌金融机构、互联网金融机构提供技术服务支持。金融科技孵化及投资机构包括金融科技创新工场、金融科技股权投资基金等，它们主要为金融科技生态体系中的创业团队提供政策、资金、管理等方面的支持。

本报告主要从区域和生态的角度分析粤港澳大湾区金融科技发展现状、存在的问题并提出相关的政策建议。

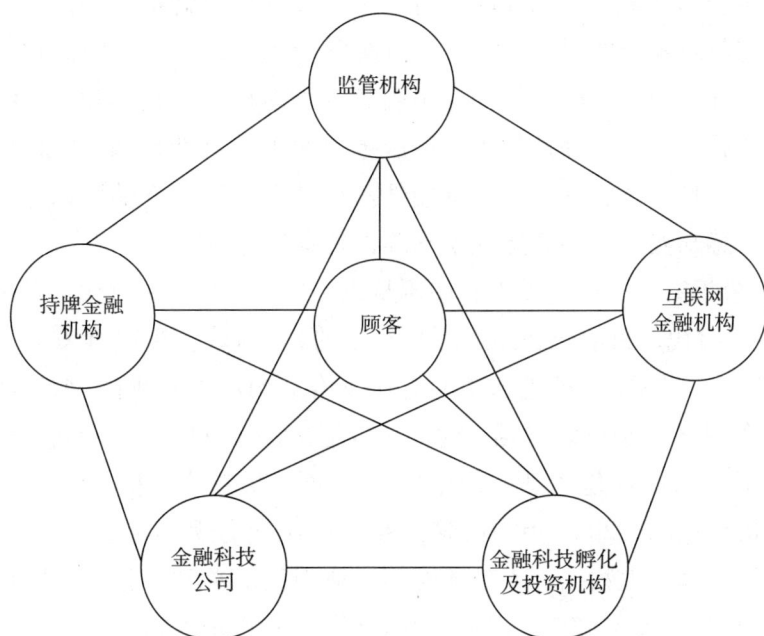

图 2.3　金融科技生态体系

（资料来源：课题组整理）

二、金融科技关键技术进展

（一）互联技术

1. 移动互联。移动互联是以移动网络作为接入网络的互联网及服务，包括移动终端、移动网络和应用服务三个要素（工业和信息化部电信研究院，2011）。具体而言，移动互联网具有两层内涵：一是指传统的互联网与移动通信网络的有效融合，终端用户是通过移动通信网络（如 2G、3G、4G 或 5G 网络，WLAN 等）而接入传统互联网的；二是指具有数量众多的新型应用服务和应用业务，并结合终端的移动性、可定位及便携性等特点，为移动用户提供具有个性化、多样化的服务。

移动互联关键技术有三个：一是移动计算通信芯片，无线通信领域对信号处理速度和低功耗要求极高，5G 时代万物互联的需求对计算能力提出了更高的要求。二是移动操作系统，根据市场调查公司 StatCounter 的最新一份数据，截至2019 年 8 月底，在移动操作系统市场中，安卓系统的市场占比为 75.98%，iOS 系统的市场占比为 22.88%，两者合计占据超过 98.86% 的市场份额。三是移动传感技术，智能手机已成为传感器的重要应用市场，传感技术向更智能的方向演进。

相对于传统的网络，移动互联具有五个方面的核心特征：一是便捷性，用户可以在任何完整或零碎的时间使用，并且多种应用可以在同一时间进行。二是多样性，终端多样，接入手段多样和应用服务种类多样。三是移动性，终端用户始终可以在移动状态下接入和使用互联网服务，便于随身携带和随时使用。四是开放性，即技术上具有开放性。五是智能性。移动互联网的终端可以定位，采集周边环境信息；感知温度、触碰感，嗅觉等，具有智能的特点。

经过 20 余年突飞猛进的发展，中国从以话音为主的 2G 时代，发展到以数据为主的 3G/4G 时代，目前正在步入万物互联的 5G 时代。2019 年 6 月 6 日，随着 5G 牌照的发放，中国正式进入 5G 商用元年。5G 以全新的网络架构，提供10Gbps 以上的带宽、毫秒级时延、超高密度连接，实现网络性能新的跃升，带动移动互联应用技术也日趋成熟，但中国在移动互联芯片与操作系统还有明显短板。据相关机构预测，2020 年中国移动互联产业交易规模将超过 10 万亿元，远超物联网、云计算、大数据、人工智能等产业规模的总和。移动互联用户规模持续增长，2019 年首次突破 10 亿人，占总体人口比重达到 72.5%（易观智库，2019）。在庞大的用户规模支持下，中国互联网企业跻身世界互联网企业前列。移动互联正加速向经济社会各领域渗透，深刻改变各领域的运行逻辑，不断催生新产品、新模式。随着计算通信、存储传感、输入输出器件革新和 5G 通信网络技术演进还将进一步带动终端、网络、应用等跨越发展。

2. 物联网（Internet of Things，IoT）。物联网概念最早于 1999 年由美国麻省理工学院提出，早期的物联网是指依托射频识别（Radio Frequency Identification，RFID）技术和设备，按约定的通信协议与互联网相结合，使物品信息实现智能化识别和管理，实现物品信息互联而形成的网络。现代意义的物联网是通信网和互联网的拓展应用和网络延伸，它利用感知技术与智能装置对物理世界进行感知识别，通过网络传输互联，进行计算、处理和知识挖掘，实现人与物、物与物信息交互和无缝链接，达到对物理世界实时控制、精确管理和科学决策目的（工业和信息化部电信研究院，2011）。

物联网的发展依赖四大关键技术：一是实时信息采集技术，利用传感技术、视频监控技术、射频识别技术、全球定位技术进行各种数据和时间的实时测量、采集、事件收集、数据抓取和识别。二是传输技术，完成信息的采集后需要通过网络层上传到数据中心进行分析处理。三是海量数据融合、存储与挖掘技术。四是信息安全技术。

物联网具有以下三个方面的核心特征：一是物品关联能力，物联网的联网、服务提供、服务调用等操作具有直接关联物理世界物品的能力。二是自主操作能力，物联网具有自主执行联网、服务提供、服务调用等操作的能力。三是隐私保护能力，物联网所有的操作都具有隐私保护的能力。

目前物联网应用以轻量级为主，主要反映为：一是传输的数据量比较小，二是停留在远程读数阶段，还未实现远程控制；5G 技术的应用将推动重量级物联网应用的发展（国信证券，2019）。前瞻产业研究院《中国物联网行业应用领域市场需求与投资预测分析报告》数据揭示，国内物联网市场规模不断扩大，产业体系日趋完善，政府驱动项目发展迅速。2015 年我国物联网产业规模达到 7500 亿元人民币，同比增长 29.3%。预计到 2020 年，中国物联网的整体规模将超过1.8 万亿元。

（二）分布式技术

1. 云计算。2006 年 8 月 9 日，谷歌首席执行官埃里克·施密特在搜索引擎大会首次提出"云计算"的概念。根据美国国家标准与技术研究院（NIST）的定义，云计算是一种按使用量付费的服务模式，这种模式提供可用的、便捷的、按需的网络访问，进入可配置的计算资源共享池（资源包括网络、服务器、存储、应用软件、服务等），这些资源能够被快速提供，只需投入很少的管理工作，或与服务供应商进行很少的交互。具体而言，云计算利用分布式计算和虚拟资源管理等技术，通过网络将分散的 ICT 资源（包括计算与存储、应用运行平台、软件等）集中起来形成共享的资源池，并以动态按需和可度量的方式向用户提供服务。用户可以使用各种形式的终端（如个人计算机、平板电脑、智能手机甚至智能电视等）通过网络获取 ICT 资源服务。

云计算的关键技术有三个：一是数据存储技术，云计算以分布式的存储为主要方法，在服务器中存储大量数据，并存储许多副本数据，数据的可靠和安全主要通过技术加密以及存储的冗余等来得到保障；通过并行的较高的传输率以及吞吐率以实现服务客户的目标。二是数据管理技术，云计算要研究和处理众多分布式数据，所以，较大的数据须通过有关管理技术得到高效管理。三是虚拟化技术，将原本运行在真实环境上的计算机系统或组件运行在虚拟出来的环境中，实现了资源的逻辑抽象和统一，消除了大规模异构服务器的差异化，大大降低云计算系统管理的复杂度，提高资源利用率。

云计算具备五个方面的核心特征：一是虚拟化，云计算支持用户在任意位置使用各种终端获取应用服务。二是通用性，云计算不针对特定的应用，在"云"的支撑下可以构造出千变万化的应用，同一个"云"可以同时支持不同的应用运行。三是高可扩展性，"云"的规模可以动态伸缩，满足应用和客户规模增长的需要。四是按需服务，"云"是一个庞大的资源池，你可以按需购买；"云"可以像水、电、煤气那样计费。五是经济性，由于"云"可以采用廉价的节点来组建，其自动化集中式管理也节省了企业大量的数据管理成本，这种低成本的优势使得云技术的用户只需花费较低价格就能充分享受其技术。

我国云计算发展呈现五大趋势。一是产业规模迅速扩大，二是关键技术实现突破，三是骨干企业加速形成，四是应用范畴不断拓展，五是支撑"双创"快速发展。我国在大规模并发处理、海量数据存储、数据中心节能等云计算关键技术领域不断取得新突破，部分指标已达到国际先进水平，在主流开源社区和国际标准化组织中的作用日益重要。根据中国信息通信研究院《云计算发展白皮书（2019）》数据，2018 年我国云计算整体市场规模达 962.8 亿元，预计 2019—2022 年仍将处于快速增长阶段，到 2022 年市场规模将达到 2903 亿元。

2. 区块链技术。区块链是一种按照时间顺序，将数据区块以顺序相连的方式组合成的一种链式数据结构。区块链技术是指通过去中心化和去信任的方式集体维护一个可靠数据库的技术方案。去中心化指区块链无须依赖中心的管理节点，就能够实现数据的分布式记录、存储和更新。去信任表示用户不需要相信任何第三方，交易双方即可以安全地交易。

区块链技术针对交易的信息和安全问题，提出了四个技术创新：一是分布式账本，交易记账由分布在不同地方的多个节点共同完成，而且每一个节点都记录的是完整的账目，因此它们都可以参与监督交易合法性，同时也可以共同为其作证。二是非对称加密授权技术，存储在区块链上的交易信息是公开的，但是账户身份信息是高度加密的，只有在数据拥有者授权的情况下才能访问到，从而保证了数据的安全和个人的隐私。三是共识机制，区块链提出了四种不同的共识机制，适用于不同的应用场景，在效率和安全性之间取得平衡。四是智能合约，基于这些可信的不可篡改的数据，可以自动化地执行一些预先定义好的规则和条款。

区块链具有以下八个方面的特征：一是匿名性，由于区块链各节点之间的数据交换遵循固定且预知的算法，因此区块链网络是无须信任的，可以基于地址而非个人身份进行数据交换。二是自治性，区块链采用基于协商一致的机制，使整个系统中的所有节点能在去信任的环境自由安全地交换数据、记录数据、更新数据，任何人为的干预都不起作用。三是开放性，区块链系统是开放的，任何节点都能够拥有全网的总账本，除了数据直接相关各方的私有信息通过非对称加密技术被加密外，区块链的数据对所有节点公开，因此整个系统信息高度透明。四是可编辑，分布式账本的数字性质意味着区块链交易可以关联到计算逻辑，并且本质上是可编程的。因此，用户可以设置自动触发节点之间交易的算法和规则。五是可追溯，区块链通过区块数据结构存储了创世区块后的所有历史数据，区块链上的任——条数据皆可通过链式结构追溯其本源。六是不可篡改，区块链的信息通过共识并添加至区块链后，就被所有节点共同记录，并通过密码学保证前后互相关联，篡改的难度与成本非常高。七是集体维护，区块链系统是由其中所有具有维护功能的节点共同维护，所有节点都可以通过公开的接口查询区块链数据和开发相关应用。八是无须许可，所有节点都可以请求将任何交易添加到区块链中，但只有在所有用户都认为合法的情况下才可进行交易。

目前，区块链技术仍处于技术分析、理论研究向技术应用、实践探索发展阶段，部分基于区块链技术的平台搭建、系统开发和应用测试等工作正在有序推进。2019 年 10 月 24 日，中共中央政治局就区块链技术发展现状和趋势进行第十八次集体学习。中共中央总书记习近平在主持学习时强调，区块链技术的集成应用在新的技术革新和产业变革中起着重要作用。我们要把区块链作为核心技术自主创新的重要突破口，明确主攻方向，加大投入力度，着力攻克一批关键核心技术，加快推动区块链技术和产业创新发展。

（三）大数据技术

国务院 2015 年 9 月印发的《促进大数据发展行动纲要》指出，大数据是以容量大、类型多、存取速度快、应用价值高为主要特征的数据集合。传统的数据处理技术难以高效地应对海量数据的处理，大数据技术代表了新一代数据管理与分析技术，它能对数量巨大、来源分散、格式多样的数据进行采集、存储和关联分析，具有从中发现新知识、创造新价值、提升新能力。

大数据处理的关键技术有四项：一是数据采集技术，大数据采集的挑战是并发数高、流式数据速度快，需要使用不同的采集方法。二是数据存储技术，多使用分布式存储方式。三是分析及挖掘技术，涉及数据的分类、聚类、频繁项挖掘等，其算法复杂，计算量大。四是可视化呈现技术，将分析及挖掘结果以友好、形象、易于理解的形式呈现。

大数据技术具有以下三方面的特征：一是强大的大数据存储能力，数据的海量化、快增长和多种数据格式特征对数据的存储能力提出了很高的要求。二是强大的计算能力，大数据的计算是数据密集型计算，对计算单元和存储单元间的数据吞吐率要求极高，对性价比和扩展性的要求也非常高。三是强大的分析能力，大数据包含大量的语言、图片和视频等非结构化数据，需要强大的分析能力才能对数据进行深入分析和挖掘。

中国信通院《中国大数据发展调查报告（2018）》数据显示，2017 年中国大数据产业总体规模为 4700 亿元人民币，同比增长 30%。接近 2/3 的企业已经成立了相关的数据分析部门，近四成的企业已经应用了大数据，大数据应用帮助企业实现了智能决策、提高了运行效率和风险管理能力。接近六成的企业在大数据领域的投入将持续增加。

（四）人工智能技术

人工智能是一种受到人类感知、思考、推理和行动方法启发但又有所区别的科学和计算机技术。换句话说，人工智能是一门利用计算机模拟人类智能行为科学的统称，它涵盖了训练计算机使其能够完成自主学习、判断、决策等人类行为的范畴。人工智能从其应用范围上又可分为专用人工智能与通用人工智能。专用人工智能，即在某一个特定领域应用的人工智能，比如会下围棋并且也仅仅会下围棋的 AlphaGo；通用人工智能是指具备知识技能迁移能力，可以快速学习，充分利用已掌握的技能来解决新问题、达到甚至超过人类智慧的人工智能。

人工智能的关键技术有五项：一是机器学习，研究计算机怎样模拟或实现人类的学习行为，以获取新的知识或技能，重新组织已有的知识结构使之不断改善自身的性能，是人工智能技术的核心。二是知识图谱，把所有不同种类的信息连接在一起而得到的一个关系网络，提供了从"关系"的角度去分析问题的能力。三是自然语言处理，研究能实现人与计算机之间用自然语言进行有效通信的各种理论和方法。四是人机交互，主要包括人到计算机和计算机到人的两部分信息交换，是人工智能领域的重要的外围技术。五是计算机视觉，让计算机拥有类似人类提取、处理、理解和分析图像以及图像序列的能力。

2017 年 7 月，国务院印发的《新一代人工智能发展规划》指出，经过 60 多年的演进，特别是在移动互联网、大数据、超级计算、传感网、脑科学等新理论、新技术以及经济社会发展强烈需求的共同驱动下，人工智能加速发展，呈现出深度学习、跨界融合、人机协同、群智开放、自主操控等新特征：一是深度学习，从人工知识表达到大数据驱动的知识学习技术。二是跨界融合，从分类型处理的多媒体数据转向跨媒体的认知、学习、推理，这里讲的"媒体"不是新闻媒体，而是界面或者环境。三是人机协同，从追求智能机器到高水平的人机、脑机相互协同和融合。四是群智开放，从聚焦个体智能到基于互联网和大数据的群体智能，它可以把很多人的智能集聚融合起来变成群体智能。五是自主操控，从拟人化的机器人转向更加广阔的智能自主系统，比如智能工厂、智能无人机系统等。

我国目前已经是人工智能大国，影响力稳步提升。从 2016 年起，我国将人工智能领域建设上升至国家战略层面，据中国电子学会《新一代人工智能发展白皮书（2017）》估计，2020 年我国人工智能产业规模将达到 180 亿美元，年均增速达到 56.5%。

（五）信息安全技术

信息安全是指信息系统的硬件、软件及系统中的数据受到保护，不会由于偶然的或者恶意的原因而遭到未经授权的访问、泄露、破坏、修改、审阅、检查、记录或销毁，保证信息系统连续可靠地正常运行，信息服务不中断。信息安全的实现目标通常包括保密性、完整性、可用性、真实性、不可抵赖性、可控制性和可审查性。

目前主流的信息安全技术主要包括：一是身份认证技术，典型的手段有用户名口令、身份识别、PKI证书和生物认证等。二是加解密技术，典型的加密体制可采用对称加密和非对称加密。三是边界防护技术，典型的设备有防火墙和入侵检测系统。四是访问控制技术，规定了主体对客体访问的限制，并在身份识别的基础上，根据身份对提出资源访问的请求加以权限控制。五是主机加固技术，对操作系统、数据库等进行漏洞加固和保护，提高系统的抗攻击能力。六是安全审计技术，通过日志审计协助管理员在受到攻击后察看网络日志，从而评估网络配置的合理性、安全策略的有效性，追溯分析安全攻击轨迹，并能为实时防御提供手段。通过对员工或用户的网络行为审计，确认行为的合规性，确保管理的安全。七是检测监控技术，避免网络流量的滥用、垃圾信息和有害信息的传播。

信息安全产品根据防护的对象划分，大致可分为网络安全、终端安全、应用安全、数据安全（数据全生命周期安全）、安全管理（全流程安全管理）。目前，国内市场以硬件形态的网络边界安全为主，数据安全、终端安全、安全管理需求也在逐步释放。2017年，中国网络信息安全市场规模达到409.6亿元。赛迪顾问预测，网络信息安全市场将保持着稳定增长的态势，到2020年将达到738.9亿元，三年复合增长率为21.7%。

三、金融科技产品认证

为贯彻国务院《关于加强质量认证体系建设　促进全面质量管理的意见》（国发〔2018〕3号）精神，落实国家认证认可监督管理委员会、中国人民银行《关于开展支付技术产品认证工作的实施意见》（国认证联〔2017〕91号）和《关于加强支付技术产品标准实施与安全管理的通知》（银发〔2017〕208号）要求，更好地满足金融行业发展与监管需要，国家市场监督管理总局、人民银行将支付技术产品认证扩展为金融科技产品认证，2019年10月25日，国家市场监督管理总局在其官网上发布了《金融科技产品认证目录（第一批）》（见表2.1）和《金融科技产品认证规则》。文件将金融科技产品分为十一类：客户端软件、安全芯片、安全载体、嵌入式应用软件、银行卡自动柜员机（ATM）终端、支付销售点（POS）终端、移动终端可信执行环境（TEE）、可信应用程序（TA）、条码支付受理终端（含显码设备、扫码设备）、声纹识别系统和云计算平台。金融科技产品认证的基本认证模式为"型式试验 + 获证后监督"，型式试验方案包括型式试验的全部样品要求和数量、检测标准项目、可选择的检测机构等。获证后监督是指获证后的跟踪检查、生产现场抽取样品检测、市场抽样检测三种方式之一或组合。认证证书有效期为 3 年。在有效期内，通过认证机构的获证后监督确保认证证书的有效性。期满后进行监督审查，合格即可续期。金融科技产品认证实行统一的认证标志管理，认证标志可加施在铭牌或产品外体的明显位置上。

表 2.1　　　　　　　　　　金融科技产品认证目录（第一批）

序号	产品种类	产品范围描述
1	客户端软件	支持支付业务（包括处理订单）的移动终端客户端软件，包括：移动终端客户端程序、支付控件、软件开发工具包（SDK）等
2	安全芯片	支持移动支付业务开展的安全芯片，是指构成金融行业安全载体的具有中央处理器的集成电路芯片
3	安全载体	支持移动支付业务开展的基于安全芯片运行的安全单元以及承载安全单元的介质，如 SIM 卡、SD 卡、eSE、inSE 等
4	嵌入式应用软件	支持移动支付业务开展的，运行于安全单元（SE）内嵌入式系统软件之上的嵌入式应用软件
5	银行卡自动柜员机（ATM）终端	一种组合了多种不同金融业务功能的自助服务设备，持卡人可利用该设备所提供的功能完成存款、取款等金融服务
6	支付销售点（POS）终端	基于图像识别、近场通信、集成电路卡、磁条等技术，支持支付交易数据读取与处理，具备信息加密保护功能的商户端专用机具
7	移动终端可信执行环境（TEE）	基于硬件和软件结合的移动终端可信环境（TEE），包括与 TEE 安全功能应用相关的硬件（SoC 平台及相关硬件资源）、固件及相关软件（可信执行环境操作系统、可信虚拟化层等）和安全使用指引，不包括可信应用（TA）、客户端应用（CA）和富执行环境（REE）
8	可信应用程序（TA）	基于 TEE 的实现特定金融应用的可信应用程序
9	条码支付受理终端（含显码设备、扫码设备）	具有条码展示或识读等功能，参与条码支付的商户端专用机具，包括显码设备和扫码设备。其中，显码设备是指具有条码展示功能的专用设备；扫码设备是指识读条码并且向后台系统发起支付指令的专用设备，包括但不限于带扫码装置的收银机、POS 终端、自助终端等
10	声纹识别系统	提供声纹识别服务的服务器端系统（可包含移动终端客户端可执行文件或组件等）
11	云计算平台	云计算平台包括金融业各机构自建、自用、自运行的私有云和供金融业各机构共享使用的团体云

资料来源：市场监管总局、人民银行（2019）。

第二节 中国四大金融科技中心

中国金融科技发展在全球范围内居于领先地位。从地域角度而言，中国金融科技发展并不平衡，主要集聚在京津冀、长三角、粤港澳大湾区和成渝四大区域，形成了京津冀、长三角、粤港澳大湾区和成渝四大金融科技中心。

一、京津冀地区：金融决策与管理中心

京津冀地区位于环渤海湾、华北平原北部，包括北京、天津两个直辖市和河北省的唐山、保定、廊坊、张家口、承德、沧州等6个地级市，雄安新区也位于该地区。京津冀地区的金融科技产业主要集中在北京。

北京是金融科技监管部门所在地，也是全球性金融机构总部聚焦地，是国家的金融决策与管理中心，是全国唯一的服务业扩大开放综合试点城市。北京有银行类法人机构140家（截至2018年5月），证券类法人机构90家，保险类法人机构453家，金融控股集团3家，拥有中央国债登记结算有限责任公司等交易及结算类机构，众多的区域性金融要素市场。金融科技企业数量较多，并拥有在金融学和信息技术领域排名前茅的众多高校与科研机构。2019年，北京金融业实现增加值6544.8亿元，同比增长9.5%，高于同期地区生产总值增速3.4%，占同期地区生产总值的比重为18.5%，对经济增长的贡献率较上年同期提升7.4%。在2019年9月19日公布的第26期全球金融中心指数（GFCI）排名中，北京位列第7位。

北京的信息服务业在营企业25000多家，2018年软件和信息服务业产业规模首破1万亿元，实现增加值3859亿元，同比增长19%，已初步形成"数据引领、软件定义、应用带动"的融合型产业生态。2017年12月，北京市颁布了《北京市加快科技创新发展新一代信息技术产业的指导意见》，指出到2020年，要在集成电路关键装备及工艺、大数据、人工智能、网络空间安全基础软硬件、5G芯片等重点领域的核心技术方面取得关键突破，在大数据、人工智能算法、网络空间安全、操作系统等前沿领域取得一批具有自主知识产权、达到国际领先水平的技术，培育一批具有国际影响力的企业和产品品牌。打造一批以集成电路、大数据、人工智能和5G等为代表的高端特色产业集群。

2018年11月，《北京市促进金融科技发展规划（2018—2022年）》中明确提出建设北京金融科技与专业服务创新示范区及核心区（西城区、海淀区），依托城市副中心北京金融科技国际产业园、房山区北京金融安全产业园、石景山区银行保险产业园、丰台区丽泽金融商务区等积极打造各具特色的金融科技创新产业

集群。经过一年多发展，示范区西城区域建设进展顺利，前期已有100多家业内知名金融科技公司和子公司落户，注册资本超过700亿元。2020年1月，在毕马威中国发布的《中国领先金融科技公司50（2019）》中，京津冀地区有23家入围。在第26期全球金融中心指数（GFCI）报告中，北京在全球金融科技中心城市排名中位列第一。

二、长三角地区：国际金融中心

长三角地区，位于长江入海之前的冲积平原，包括上海、南京、无锡、常州、苏州、南通、盐城、扬州、镇江、泰州、杭州、宁波、嘉兴、湖州、绍兴、金华、舟山、台州、合肥、芜湖、马鞍山、铜陵、安庆、滁州、池州、宣城等26市，面积21.17万平方公里。长三角地区的金融科技产业主要集中在上海和杭州。

上海近年来在大力推动国际金融中心建设，在自由贸易试验区改革、跨境人民币使用、沪港通、债券通、原油期货等方面，开展了一系列先行先试。上海是以金融市场体系为核心的中国金融中心，集聚了股票、债券、期货、货币、票据、外汇、黄金等各类全国性金融要素市场，是全球金融要素市场最齐备的金融中心城市之一。上海持牌金融机构总数达到1500多家。2019年，上海金融业实现增加值6600.60亿元，同比增长11.6%，高于同期地区生产总值增速5.6%，占同期地区生产总值的17.30%。上海的信息服务业在营企业25000多家，2019年实现信息产业增加值4094.60亿元，比上年增长10.1%。在第26期全球金融中心指数排名中，上海位列第5位，与排名前四的金融中心的差距也在进一步缩小，在全球金融科技中心城市排名中位列第二。2019年4月，经国务院同意，人民银行等八部门联合印发《上海国际金融中心建设行动计划（2018—2020年）》，提出要将上海建设成为金融科技中心。

杭州传统金融相对于一线城市较弱，但其出色的数字经济产业带来了杭州在金融科技发展上的优势，金融科技创新活跃，形成了一批既有相当规模又有特色的金融科技企业，如蚂蚁金服、恒生电子、趣链科技等。2019年杭州数字经济核心产业实现增加值3795亿元，同比增长15.1%，高于同期地区生产总值增速8.3%；电子商务产业实现增加值1752亿元，同比增长14.6%；软件与信息服务产业实现增加值2901.76亿元，同比增长15.7%；数字内容产业实现增加值2439.97亿元，同比增长16.3%；金融业实现增加值1791亿元，同比增长9.1%。在第26期全球金融中心指数排名中，杭州位列第104。

在毕马威中国发布的《中国领先金融科技公司50（2019）》中，长三角地区有21家入围。

三、粤港澳大湾区：金融创新中心

粤港澳大湾区由珠三角9个城市、香港和澳门组成，与海上丝绸之路沿线国家海上往来密切，地理和生态环境优越。2019年2月18日，中共中央、国务院发布的《粤港澳大湾区发展规划纲要》旨在推动珠三角9个城市与香港、澳门的深度合作，促进湾区内的融合发展，通过改革创新、加大开放以及打造一个协同发展、互联互通的世界一流城市群。2018年，粤港澳大湾区城市群的地区生产总值总量达到1.6万亿美元，超过了美国旧金山湾区，相当于全球排名第11位的韩国。大湾区金融科技产业主要集中在深圳、广州和香港三座城市。

深圳是全国重要的区域金融中心和科技创新中心，正在努力建设中国特色社会主义先行示范区。深圳持牌金融机构总数达465家，其中法人金融机构196家。深圳依托深圳证券交易所，包含主板、中小板、创业板在内的多层次资本市场体系加快发展成型，在金融市场规模上仅次于上海保持全国第二的位置。2019年，深圳金融业实现增加值3667.63亿元，同比增长9.1%，占深圳地区生产总值的13.62%。深圳的信息科技产业也十分发达，拥有华为、中兴通信、海能达、大疆等一大批科技创新企业，中国电子信息产业前10强总部或区域总部均落户深圳，是全球重要的IT产业制造基地、研发基础、出口基地和物流中心。2019年，深圳新一代信息技术产业增加值达5086.15亿元，占深圳地区生产总值的18.89%。借助科技推动金融创新，涌现出腾讯、平安金融科技、微众银行等一大批优秀的金融科技公司。在第26期全球金融中心指数中深圳排名第9位，在全球金融科技中心城市排名中位列第5。

香港是世界级的全球金融中心，在第26期全球金融中心指数排名中位列第3，在全球金融科技中心城市排名中位列第7。香港有开放与活跃的金融市场，2019年，阿里巴巴和百威亚太再次使香港交易所成为首次公开募股（IPO）融资额世界排名第一，共计集资超过3100亿港元，同比增长9%。香港也是最大的人民币离岸市场。香港在银行、保险、基金、私募投资及直接投资方面也非常活跃。全球百大银行中，70%在香港有业务。香港拥有区内最活跃的保险市场，保险深度和保险密度全球领先。2018年香港资产及财富管理业务管理的资产总额达3.06万亿美元，作为"一带一路"沿线国家与中国内地之间的"超级联系人"，香港有望成为中国全球财富管理中心、领先的离岸风险管理中心和全球资产定价中心。在金融科技领域，香港也具有较好的基础。2016年，香港金融管理局成立了金融科技促进办公室（FFO），以促进香港金融科技业的稳健发展。2017年9月，香港金融管理局推出了多项措施，包括推出快速支付系统"转数快"，升级金融科技监管沙盒，引入虚拟银行，制定开放应用程式介面框架，加强跨境金融科技合作和提升金融科技研究和人才培训等。

广州是国内排名前列的区域金融中心，金融机构、金融交易平台和金融功能区是金融产业发展的重点。广州市有法人金融机构54家，持牌金融机构323家，类金融机构超过2万家，全市金融业总资产突破7万亿元，金融从业人员达16万人。广州有股权交易中心、金融资产交易中心和碳排放权交易中心等金融交易平台，影响力日渐提升。2017年，新增广州绿色金融改革创新试验区、广州白鹅潭产业金融服务创新区两个金融功能区。广州是国内规模最大的金融电子设备制造基地之一，聚焦了一批在技术水平、创新能力、企业规模和经营业绩等方面在全国同行业中居于领先地位的金融电子设备制造企业和金融科技创新企业。2019年，广州金融业实现增加值2041.87亿元，同比增长8.2%，占同期地区生产总值的8.6%，在第26期全球金融中心指数排名中广州位列第23，在全球金融科技中心城市排名中位列第4。

在毕马威中国发布的《中国领先金融科技公司50（2019）》中，粤港澳大湾区有15家入围。

四、成渝地区：中西部金融服务中心

成渝地区是我国人口最多、面积最大的城市群，它以重庆、成都两市为中心，包括南充、绵阳、乐山、德阳、眉山、内江、遂宁、资阳、广安共11个城市。成渝地区的金融科技产业主要集中在成都和重庆。

成都金融业是地区经济最重要的支柱产业，2017年末，成都共有银行业金融机构84家，保险机构93家，证券期货机构312家，准金融机构420余家，金融中介机构850余家，金融后台及服务外包机构170余家。2019年成都金融业实现增加值1893.69亿元，同比增长9.5%，占同期成都地区生产总值的11.14%。根据《成都市战略性新兴产业发展"十三五"规划》，成都将优先发展新一代信息技术产业。成都是西部重要的金融、互联网金融企业技术与产品研发中心，互联网银行新网银行就注册在此。成都还成立了以金融科技为主题的金融业众创空间，并已有中国银联、汇付天下、阿里云等企业入驻。2019年4月，成都还出台了《关于支持金融科技产业创新发展的若干政策措施》，提出要增加金融科技基础研发能力，激发企业创新动能，促进金融科技产业持续、快速、健康发展。在第26期全球金融中心指数排名中成都位列第73，在全球金融科技中心城市排名中位列第18。

重庆金融业发展与成都相当，2019年重庆金融业实现增加值1958.32亿元，同比增长 8%，占同期地区生产总值的 8.3%。新型金融企业是重庆金融业发展的特点，截至 2018 年 3 月，重庆辖区共有互联网小额贷款公司 53 家，阿里、百度、苏宁等企业纷纷在渝设立互联网小贷机构，服务实体经济发展。

在毕马威中国发布的《中国领先金融科技公司 50（2019）》中，成渝地区有 2 家入围。

第三节　粤港澳大湾区金融科技步入新阶段

一、金融科技发展历程

从科技与金融行业的结合度来看，以时间为序，可将金融科技发展历程划分为金融信息化（金融科技 1.0）、金融互联网化（金融科技 2.0）和金融智能化（金融科技 3.0）三个阶段。在金融科技发展的每一个阶段，粤港澳大湾区金融科技发展都处于全国领先水平。

（一）金融科技 1.0：金融信息化（1980—1996 年）

20 世纪 80 年代，随着信息科技浪潮的兴起，金融机构开始信息化建设进程，金融科技 1.0 时代开启。当时，香港地区金融机构已可以提供自动柜员机服务，并铺设了信用卡全球受理网络，实现了信用卡跨国使用；客户可以通过电脑、电话获取业务信息，进行交易。在金融信息化时代，港澳地区的金融机构先于其他地区，率先建立了金融信息化系统，积累了丰富的金融信息化经验。随即，广东地区银行业金融机构开始向香港地区金融机构学习，努力推进信息化建设，走过了从微机单兵作战，再到全省联网、全国大联网、数据大集中的发展道路，实现了信息科技与经营管理的深度融合。金融信息化不仅使金融机构的内部管理效率明显提升，在业务流程和服务效率方面同样也有明显增进，极大地提升了商业银行的经营效率。

（二）金融科技 2.0：金融互联网化（1997—2015 年）

1997 年 4 月，注册地在深圳的招商银行开通了网站，这是中国银行业最早的域名之一，标志着粤港澳大湾区金融科技进入互联网化的 2.0 阶段。早期的招商银行网站除了形象宣传外，还包括"一卡通"账户查询、股票信息查询等功能。金融互联网化的早期阶段是从持牌金融机构端切入的，主要体现为互联网对金融功能的沿袭，持牌金融机构通过技术改造把业务搬到了网上，把"砖头"变成"鼠标"，并没有改革金融服务供给的方式。由于网络银行功能有限，使第三方支付平台有了发展的机会，给了新兴的互联网金融发展机会，金融互联网化进行第二阶段。此时金融互联网化的发展主体是互联网金融机构，互联网金融机构在第三方支付、网络借贷、股权众筹领域开始迅速发展，深圳出现了财付通这样的标志性企业，显现粤港澳大湾区以互联网金融为特征的金融科技爆发式发展态势。

（三）金融科技3.0：金融智能化（2016—2020年）

2016年被称为人工智能元年。这一年，谷歌的AlphaGo以4:1的比分击败了世界冠军李世石。这一年，人工智能在国家层面得到重视，国家发展改革委等四部门联合下发《"互联网＋"人工智能三年行动实施方案》。同年6月，广发证券在"易淘金"品牌下推出了"贝塔牛"智能投顾服务；12月，招商银行推出摩羯智投产品，标志着粤港澳大湾区金融科技发展进入智能化阶段。这一阶段，信息技术在快速发展的同时进一步加强了与金融业的融合，一些具有创新性的金融机构开始成为科技公司，积极运用信息时代的前沿技术以及人工智能技术发展成果，对传统的信息采集、数据分析和投资决策等金融核心业务流程中的管理理念进行重构发展，金融服务朝着更加便捷化、定制化和智能化的方向发展，各类以智能化为特征的创新模式不断浮现，推动金融业进行深层次的金融模式与功能变革（见图2.4）。

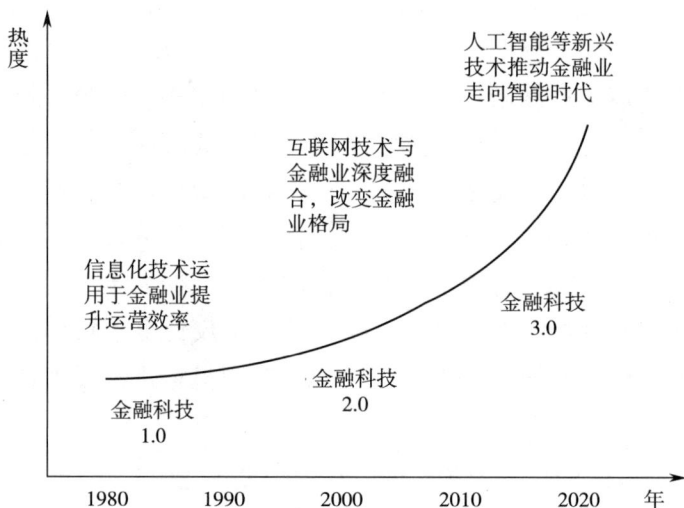

图2.4 金融科技发展阶段

（资料来源：课题组整理）

二、粤港澳大湾区处于金融智能化初级阶段

以是否能真正实现推理、思考和解决问题为标准，可以将人工智能分为弱人工智能和强人工智能。

弱人工智能是指不能真正实现推理和解决问题的智能机器，这些机器表面看像是智能的，但是并不真正拥有智能，也不会有自主意识，只是将人类的工作自动化，而不是像人类智能那样能够不断适应复杂的新环境并不断涌现出新的功能，弱人工智能是人工智能发展的初级阶段。目前的粤港澳大湾区金融科技发展集中于弱人工智能，在语音识别、图像处理等科技的实际应用上取得了重大突破，甚至可以接近或超越人类水平。

强人工智能是指具有独立思维能力的智能机器，并且认为这样的机器是有知觉的和自我意识的，这类机器可分为类人（机器的思考和推理类似人的思维）与非类人（机器产生了和人完全不一样的知觉和意识，使用和人完全不一样的推理方式）两大类。从一般意义来说，达到人类水平的、能够自适应地应对外界环境挑战的、具有自我意识的人工智能称为强人工智能，强人工智能是人工智能发展的高级阶段。强人工智能在技术上是否能实现，存在极大的挑战性。有观点认为，强人工智能至少在未来几十年内难以实现。

综上所述，粤港澳大湾区的金融科技发展目前处于金融智能化的初级时代，表现为人工智能技术在金融产品设计、服务渠道、服务方式、风险管理、投资决策等领域开展了初步的应用，并取得了较好的效果，但是还局限于将金融行业的某些工作自动化的层次。

第三章　粤港澳大湾区
金融科技发展现状分析

第一节　粤港澳大湾区金融科技发展的背景

一、提升金融业竞争力的需要

发达的金融业是世界一流湾区的普遍特征。纽约湾区是全球国际金融中心，在不足一平方公里的华尔街内，聚焦了 3000 多家银行、保险、交易所等金融机构，是全球金融系统的心脏。东京湾区的产业金融和旧金山湾区的科技金融也各具特色。

金融业在粤港澳经济中占据重要地位，金融已成为香港、深圳、广州等核心城市的支柱产业。但从金融产业绩效、金融机构实力、金融生态环境、金融市场规模上看，深圳、广州与上海、北京相比，仍有一定差距。香港与纽约、伦敦相比，也存在不足。为推动粤港澳大湾区金融业发展，急需提升大湾区金融业竞争力。

表 3.1　　　　　　　　金融中心排名比较（GFCI 26）

中心	GFCI 26		GFCI 25		较上期变化	
	排名	得分	排名	得分	排名	得分
纽约	1	790	1	794	0	▼4
伦敦	2	773	2	787	0	▼14
香港	3	771	3	783	0	▼12
上海	5	761	4	770	0	▼9
北京	7	748	9	738	▲2	▲10
深圳	9	739	14	730	▲5	▲9
广州	23	711	24	708	▲1	▲3

资料来源：第 26 期全球金融中心指数报告（GFCI 26），2019 年 9 月。

金融机构做强本业，需要转方式、调结构。现阶段，我国经济发展已经进入新常态，上规模、拼数量的外延式扩张老路已走到尽头。科学技术是第一生产力，金融业要树立质量优先、效率至上的理念，转向金融科技驱动的内涵式发展。移动互联网金融的发展有效地推动了金融创新和普惠化进程，大数据、人工智能、云计算深刻改变金融服务的供给方式，区块链为金融产品基本架构和交易机制的变革创造了条件。金融科技的发展，通过多种应用场景，有效降低了金融机构的运营成本，提升了金融业的竞争力。

二、防范系统性风险的需要

近年来，中国金融形势总体稳定、风险总体可控，守住了不发生系统性金融风险的底线。当前，宏观经济处于经济增长动能转化过程中，经济增速下降，表现为在"L"形底部的小幅短期波动。在这一背景下，金融行业存在三个突出风险点：一是高杠杆率带来整个风险水平高，二是金融资源未充分按市场化机制配置，三是金融监管存在诸多薄弱和空白环节。未来一段时间金融风险仍然易发多发，系统性风险压力较大。

粤港澳大湾区是中国金融创新最为活跃的地区，金融科技的发展也带来了一些新的风险。此外，随着中国金融双向开放的不断推进，粤港澳大湾区金融互联互通程度加深，金融跨境活动日益频繁，金融风险日益复杂。数据显示，2019年，粤港澳大湾区内地九市与港澳地区发生人民币跨境收付2.32万亿元；在跨境人民币融资业务方面，大湾区内地九市通过全口径跨境融资业务融入资金839.84亿元；在跨境人民币资金集中运营业务方面，大湾区内地九市共设立跨境双向人民币资金池580个，累计办理资金池收付1.42万亿元。2020年2月，监管部门推出了八项大湾区跨境投融资便利化新政策，这些都对金融风险防范提出了更高的要求。

防范系统性风险，就必须将金融科技运用到监管中，这就形成了监管科技（Suptech）的概念，监管科技可视为金融科技在监管领域的延伸，是基于人工智能、区块链和云计算等新技术的金融监管手段，旨在提升监管部门对交叉金融风险的甄别、管控和处置能力（中国人民银行，2017）。监管科技解决了监管部门的"数据、算法和计算能力"不足的问题，使监管部门能够提前感知和预测金融风险态势，提升了监管部门监管效率和监管能力，更好地防范系统性金融风险。

三、金融服务实体经济的需要

习近平总书记指出，做好金融工作要回归本源，即服从服务于经济社会发展。金融要把为实体经济服务作为出发点和落脚点，全面提升服务效率和水平，把更多金融资源配置到经济社会发展的重点领域和薄弱环节，更好地满足人民群众和实体经济多样化的金融需求。

随着金融业的发展，近年来粤港澳大湾区也出现了金融"脱实向虚"的现象，主要体现为：一是实体经济"资金荒"和金融业"资产荒"并存，实体经济发展缺乏足够的资金，大量资金聚焦在金融体系中。二是金融牌照热，实体经济企业纷纷争取各类金融、类金融牌照，开展资本运营。三是金融机构乱象丛生，跨市场、跨行业交叉性金融业务中存在杠杆高、嵌套多、链条长、套利多等问题。四是实体经济融资成本高、利润低，金融行业盈利水平高。

金融科技将创新科技融入金融机构的运营之中，通过科技手段解决信息不对称、融资成本过高、交易成本高等一系列问题，服务实体经济需要。大数据技术的运用，可以让金融机构在法律允许的范围内整合资金需求方的各类信息，比如，贷款记录、支付信息、消费记录等历史数据，通过数据网络分析和大数据建模对其违约概率以及信用水平进行判断，提高风险识别能力和估测风险的精确度，缓解金融产品供需双方信息不对称问题；通过大数据的分析，金融机构可研发出更符合用户需求的金融产品，优化金融供给，降低融资成本。技术创新能简化交易过程中的申请、审批和审核等环节，节省交易成本和时间。金融科技创新更好地发挥出推动实体经济发展的"引擎"作用，缓解金融与实体经济之间的不协调状态，提升金融服务实体经济的质量和效率。

四、推进全面开放的需要

广东是改革开放的排头兵、先行地、实验区；香港和澳门在国家改革开放中作出了巨大贡献，有望成为"一带一路"沿线国家与中国内地之间的"超级联系人"，地位不可替代。2018年3月7日，习近平总书记在强调广东在形成全面开放新格局上走在全国前列时，特意提到了粤港澳大湾区。习近平总书记说，要抓住建设粤港澳大湾区重大机遇，携手港澳加快推进相关工作，打造国际一流湾区和世界级城市群。

作为经济发展的重要推动，金融开放是中国改革开放的应有之义，也是推动中国与全球深度融合的关键所在。2018年，金融业全面开放呈现加速态势，中国人民银行行长易纲在博鳌论坛宣布了金融业放宽市场准入的多条措施，下一步金融业开放体现在金融机构和金融市场两个维度。金融机构主要是放开外资投资比例限制和业务准入限制。金融市场主要是双向制度更完善，投资渠道更多元。

金融科技的发展有助于推动金融开放和中国经济的全面开放。金融科技发展助推中资金融机构积极转型发展，提升中资金融机构的竞争力，有助于国内金融体系的进一步完善，也有利于增强世界对于中国金融的认可度，扩大人民币在不同领域的国际使用，推动金融开放，融入全球金融业。金融开放将服务于中国经济大局，助力实体经济把握国内国际两个市场、两种资源，推动中国形成全面开放新格局。

第二节　粤港澳大湾区发展金融科技的六大优势

一、数字经济活跃为金融科技发展奠定坚实基础

2017 年 7 月，二十国集团汉堡峰会公报指出，数字化转型是实现全球化、创新、包容和可持续增长的驱动力。粤港澳大湾区数字经济发展一直走在全国前列。广东省数字产业基础雄厚，具备良好的基础和独特优势；电子信息制造业销售产值连续 27 年位居全国第一。大湾区数据资源、数据存储量全国领先，据不完全统计，广东数据存储量超过 2300EB，约占全国的 20%，IP 地址、网民、域名、网站、网页、网络购物用户等指标居全国前列。政府高度重视数字经济融合创新发展，制定、实施了云计算，大数据，人工智能等产业加快发展的一系列政策措施。工业互联网、智能网、智能网联汽车、物联传感、新零售等跨界融合新业态不断涌现，数字经济发展取得突出成效。2019 年，腾讯研究院的"数字中国指数"显示，广东省连续四年排名第一；具体到城市，深圳、广州、东莞排在前 10 位。数字产业分指数深圳、广州、东莞分列第 3、第 4 和第 6 位。

二、市场机制作用是金融科技发展的决定性力量

粤港澳大湾区仍然保有一定的制度性优势。珠三角经济得改革开放之先机，思想观念活跃，体制机制相对灵活。粤港澳大湾区经济活动的市场化、国际化程度较高，市场主体数量多且竞争力较强、普遍接受公平竞争的市场规则和国际商业规则，政府对越位错位的干预市场的行为比较审慎。在金融科技发展上，企业是技术创新的主体，坚持效率优先原则，以进行金融科技创新利益为驱动，在技术研发方向、路线选择、要素价格、各类创新要素配置等方面，市场机制起到主导作用，通过市场竞争机制实现优胜劣汰。市场机制作用优势，是推动金融科技发展的决定性力量。

三、创新生态系统是金融科技发展的基本条件

《中国区域创新能力评价报告（2019）》显示，广东区域创新能力连续 3 年居

全国首位，从 2015 年至 2019 年，广东创新能力提升步伐明显快于其他 9 个省市，领先优势持续扩大，实力指标排名第 1 位，知识创新排名全国第 3 位，知识获取排名第 3 位，企业创新、创新环境及创新绩效均排名全国第 1 位。

目前，粤港澳大湾区已形成富有生机的创新生态系统，在全国已获批复的 17 个国家自主创新示范区中占据两席。珠三角地区形成了以深圳、广州为龙头，连同珠海、佛山、惠州、东莞、中山、江门、肇庆等 7 个地级市共同创建的"1＋1＋7"国家自主创新示范区建设格局。广州科技创新的主力是高校、科研院所，深圳创新崛起得益于总部位于深圳的中兴、华为、腾讯等高新技术企业。香港的科技创新主要由高等教育机构和工商机构承担。

截至 2016 年底，粤港澳大湾区共拥有 2 个国家自主创新示范区、3 个国家创新城市，建有 25 家国家重点实验室、16 家国家工程研究中心、97 家新型研发机构、449 家科技企业孵化器，集中布局国家超级计算广州中心、国家超级计算深圳中心、东莞散裂中子源、大亚湾中微子实验室、深圳国家基因库等重大科技基础设施；拥有本省及双聘院士 150 名，"海外高层次人才引进计划"专家 161 名。大湾区内的国家级高新技术企业总数超过 1.89 万家。

根据高盛对全球四大湾区 R&D 占 GDP 百分比情况的统计（2015 年），粤港澳大湾区以 2.1% 位列四大湾区之末，次于东京湾区的 3.7%，纽约湾区和旧金山湾区的 2.8%，但粤港澳大湾区的研发投入强度持续增长。2017 年，粤港澳大湾区（除香港、澳门）全社会研发投入强度达到 2.9%，高于全国水平的 2.1%。2018 年，广东研发经费投入达到 2704.7 亿元，位居全国第一；深圳的全社会研发强度达到了 4.2%，与美国加利福尼亚州相当。

四、信息科技优势是金融科技发展的重要支撑

新一代信息技术产业是国务院确定的七个战略性新兴产业之一。广东信息产业规模居全国之首。中国电子信息产业前 10 强总部或区域总部均落户深圳，珠三角九城市是中国重要的 IT 产业制造基地、研发基地、出口基地。广州近年来着力发展 IAB 产业，即新一代信息技术（Information）、人工智能（Artifical）、生物科技（Biology），一大批企业加快在新一代信息技术产业的布局，融入全球的产业发展新浪潮。2016 年以来，思科、富士康、华为、腾讯、中兴等创新龙头企业的新一代信息技术产业项目相继在广州落地生根。按照 2017 年 10 月发布的《广州市建设"中国制造 2025"试点示范城市实施方案》，到 2019 年底，新一代信息技术总产值突破 7000 亿元。从发明专利来看，整个粤港澳大湾区发明专利增长迅猛，2012—2016 年，发明专利总量从 61764 件上升到 193712 件，增幅达

213.6%。广东省科技情报研究所发布的《粤港澳大湾区与世界三大湾区创新能力对比研究》显示，2017 年大湾区的发明专利申请量超过 17.6 万件，远超其他湾区，在数量上占有明显优势。在前 20 名发明专利申请领先机构中，粤港澳大湾区共有华为、中兴、腾讯等 11 家机构上榜。从专利分布领域来看，粤港澳大湾区主要以 H 类（电学）为主，占比最大为 33.74%。根据世界知识产权组织发布的《2017 全球创新指数报告》，"深圳—香港"地区以数字通信为主要创新领域，在全球创新集群中排名第二，超越硅谷。在施引专利数量上，粤港澳大湾区城市与旧金山湾区城市存在较大差距。尽管粤港澳大湾区近 5 年发明专利数量超过了旧金山湾区，但在施引专利数量上却远不及旧金山湾区。

五、政府服务是金融科技发展的有力保障

在中国共产党第十九次全国代表大会上，"发展市场在资源配置中的决定性作用"和"更好发挥政府作用"共同写入党章。这是对过去多年来我国经济体制改革的重要经验总结。在金融科技创新中，创新的主体是企业，市场是决定创新的根本力量，但并不意味着政府可以无所作为。政府在提供服务、完善基础设施、制定创新战略等方面大有可为。

大湾区地方政府普遍专业素养较高，服务意识较强，办事效率高。广东省政府率先在国内展开"数字政府"改革建设工作，构建"1＋N＋M"的"数字政府"政务云平台，整合网上办事大厅、App、政务微信、小程序等线上渠道以及实体办事大厅、自助服务终端等线下渠道，让政府服务全面触达、一直在线、贴身随行，使企业和民众体验便利的政务服务。从企业端、中介端、审批端和移动端四个方面，完善企业服务体系，改善营商环境。地方政府公共服务满意度节节攀升。

2017 年 3 月，深圳市福田区率先出台《关于促进福田区金融科技快速健康创新发展的若干意见》，该政策成为我国地方政府首个发布的金融科技专项政策。同年 10 月，深圳市金融发展服务办公室印发《深圳市金融创新奖和金融科技专项奖评选办法》，这是首个地方政府设立的金融科技专项奖；与此同时，香港特区政府《行政长官 2017 年施政报告》也特别指出将全力支持金融科技行业。

六、人力资源是金融科技发展的关键要素

粤港澳大湾区人力资源具有集聚高、年轻化、国际化的特点。2018 年，粤港澳大湾区常住人口突破 7000 万人，达 7115.98 万人，位居世界四大湾区之首。珠三角地区城镇化水平高，人口密度达 1273 人/平方千米，中心城市人口聚集度加

大。珠三角九市一直是广东常住人口数量增加最多、增长速度最快的地区。2018年，珠三角人口数量比上年增加 150.45 万人，同比增幅为 0.34%，比同期广东省常住人口增幅高出 0.87%。广州、深圳两个超级大城市的人口分别比上年净增40.6 万人和 49.83 万人，两市常住人口增幅分别占同期全省以及珠三角常住人口增量的 51.09% 和 56.94%。大湾区人口年龄结构表现出"两头低、中间高"的总体特征，成年人口（15~64 周岁）的比例较高，2015 年全国 1% 人口抽样调查数据表明，广东常住人口中 15~22 周岁人口占比为 12.30%，比全国平均高 2.37 个百分点。常住人口总抚养比要比同期全国平均水平低 4.42 个百分点，是全国人口总抚养比相对较低的省份之一。人力资源国际化可以用外国人占常住人口比重来说明，当前，深圳、广州等城市比例远高于全国平均水平，香港达到国际发达地区水平。

第三节　粤港澳大湾区金融科技蓬勃发展

一、金融科技发展环境优化

（一）科技和金融在政策层面备受关注

近年来，科技和金融从政策层面备受关注。党的十九大报告中提出，要"推动互联网、大数据、人工智能和实体经济深度融合；要深化金融体制改革，增强金融服务实体经济能力，提高直接融资比重，促进多层次资本市场健康发展，健全金融监管体系，守住不发生系统性金融风险的底线"。各级政府部门积极研究制定了多项推动支持科技发展政策，互联技术、分布式技术、大数据技术、人工智能与信息安全的产业发展、行业推广、应用基础等重要环节的宏观政策环境已基本形成。

表 3.2　　　　　　　　　　　科技发展的规划与政策

时间	部门	政策名称
2016 年 12 月	国务院	《"十三五"国家信息化规划》
2017 年 1 月	工业和信息化部	《信息通信行业发展规划（2016—2020 年）》
2017 年 1 月	工业和信息化部	《大数据产业发展规划（2016—2020 年）》
2017 年 4 月	工业和信息化部	《云计算发展三年行动计划（2017—2019 年）》
2017 年 5 月	工业和信息化部	《区块链参考架构》
2017 年 6 月	中国人民银行	《中国金融业信息技术"十三五"发展规划》
2017 年 7 月	国务院	《关于印发新一代人工智能发展规划的通知》
2017 年 7 月	工业和信息化部	《物联网发展规划（2016—2020 年）》

续表

时间	部门	政策名称
2017 年 11 月	中共中央办公厅、国务院	《推进互联网协议第六版（IPv6）规模部署行动计划》
2017 年 12 月	全国信息安全标准化技术委员会	《信息安全技术个人信息安全规范》（GB/T 35273—2017）
2018 年 8 月	全国人大	《中华人民共和国电子商务法》
2018 年 8 月	工业和信息化部	《推动企业上云实施指南（2018—2020 年)》
2019 年 5 月	国家互联网信息办公室	《数据安全管理办法（征求意见稿）》
2019 年 6 月	工业和信息化部	《国家网络安全产业发展规划》
2019 年 8 月	中国人民银行	《金融科技（FinTech）发展规划（2019—2021 年）》
2020 年 1 月	中国银保监会	《关于推动银行业和保险业高质量发展的指导意见》

资料来源：课题组整理。

（二）金融科技发展的政策环境逐步完善

2017 年 6 月，中国人民银行印发《中国金融业信息技术"十三五"发展规划》（以下简称《规划》），明确提出"十三五"金融业信息技术工作的指导思想、基本原则、发展目标、重点任务和保障措施。《规划》强调，"十三五"时期金融业要全面支持深化改革，积极对标国际先进，推动创新普惠发展，坚持安全与发展并重，并围绕统筹监管系统重要性金融机构、统筹监管金融控股公司和重要金融基础设施、统筹负责金融业综合统计，推进信息技术发展各项工作。

2019 年 8 月 22 日，中国人民银行印发《金融科技（FinTech）发展规划（2019—2021 年)》，明确提出未来三年金融科技工作的指导思想、基本原则、发展目标、重点任务和保障措施。《规划》提出，到 2021 年，建立健全我国金融科技发展的"四梁八柱"，进一步增强金融业科技应用能力，实现金融与科技深度融合、协调发展，明显增强人民群众对数字化、网络化、智能化金融产品和服务的满意度，推动我国金融科技发展居于国际领先水平，实现金融科技应用先进可控、金融服务能力稳步增强、金融风控水平明显提高、金融监管效能持续提升、金融科技支撑不断完善、金融科技产业繁荣发展。

（三）强监管成为金融行业发展主旋律

在支持科技发展的政策不断出台的同时，强化金融监管也将成为今后金融行业发展的主旋律。2017 年 7 月，国务院金融稳定发展委员会成立，标志着对金融统筹监管和监管协调建立了顶层设计。"一行二会"针对互联网金融、资产管理、金融机构等也发布了一系列监管政策，致力于主动防范化解系统性风险，这标志着自 2012 年以来，以金融自由化、影子银行、资管繁荣为特征的金融扩张周期出现转折，进入收缩周期。金融行业的强监管也影响了金融业各子行业，使各子行业规模受到一定程度的影响，迫使众多金融企业谋求转型。

表3.3 互联网金融监管政策

时间	部门	政策名称
2017 年 2 月	银监会	《网络借贷资金存管业务指引》
2017 年 5 月	银监会等三部委	《关于进一步加强校园贷规范管理工作的通知》
2017 年 6 月	人民银行等十七部门	《关于进一步做好互联网金融风险专项整治清理整顿工作的通知》
2017 年 7 月	互联网金融风险专项整治工作领导小组办公室	《关于对互联网平台与各类交易所合作从事违法违规业务开展清理整顿的通知》
2017 年 7 月	人民银行等七部门	《关于防范代币发行融资风险的公告》
2017 年 8 月	银监会	《网络借贷信息中介机构业务活动信息披露指引》
2017 年 8 月	国务院法制办	《私募投资基金管理暂行条例（征求意见稿）》
2017 年 9 月	中国互联网金融协会	《互联网金融 个体网络借贷 资金存管系统规范（征求意见稿）》《互联网金融 个体网络借贷 资金存管业务规范（征求意见稿）》
2017 年 11 月	互联网金融风险专项整治工作领导小组办公室、P2P 网络借贷风险专项整治工作领导小组办公室	《关于立即暂停批设网络小额贷款公司的通知》
2017 年 11 月	中国互联网金融协会	与 8 家个人征信业务机构共同发起"信联"
2017 年 12 月	互联网金融风险专项整治工作领导小组办公室、P2P 网络借贷风险专项整治工作领导小组办公室等	《关于规范整顿"现金贷"业务的通知》
2017 年 12 月	P2P 网络借贷风险专项整治工作领导小组办公室	《关于做好 P2P 网络借贷风险专项整治整改验收工作的通知》
2017 年 12 月	人民银行	《关于规范支付创新业务的通知》
2018 年 3 月	中国互联网金融协会	《互联网金融逾期债务催收自律公约（试行）》
2018 年 6 月	中国互联网金融协会	《互联网金融从业机构营销和宣传活动自律公约（试行）》
2018 年 10 月	人民银行等三部门	《互联网金融从业机构反洗钱和反恐怖融资管理办法（试行）》
2018 年 12 月	人民银行	《金融机构互联网黄金业务管理暂行办法》
2019 年 1 月	互联网金融风险专项整治工作领导小组办公室、P2P 网络借贷风险专项整治工作领导小组办公室	《关于进一步做实 P2P 网络借贷合规检查及后续工作的通知》
2019 年 4 月	互联网金融风险专项整治工作领导小组办公室、P2P 网络借贷风险专项整治工作领导小组办公室	《网络借贷信息中介机构有条件备案试点工作方案》

时间	部门	政策名称
2019 年 9 月	互联网金融风险专项整治工作领导小组办公室、P2P 网络借贷风险专项整治工作领导小组办公室	《关于加强 P2P 网贷领域征信体系建设的通知》
2019 年 11 月	中国互联网金融协会	《关于增强个人信息保护意识依法开展业务的通知》
2019 年 11 月	互联网金融风险专项整治工作领导小组办公室、P2P 网络借贷风险专项整治工作领导小组办公室	《关于网络借贷信息中介机构转型为小额贷款公司试点的指导意见》

资料来源：课题组整理。

二、金融科技区域合作日趋紧密

（一）金融科技产业集聚深圳、香港、广州三地

粤港澳大湾区的深圳、香港、广州三个核心城市，凭借着优越的金融生态环境和金融中心地位吸引了众多的金融科技企业。在课题组构建的金融科技发展指数中，深圳、香港、广州在金融科技发展指数中的得分遥遥领先大湾区其他城市。

深圳是全国重要的区域金融中心和科技创新中心。截至 2018 年 12 月末，深圳持牌金融机构总数达 465 家，其中法人金融机构 196 家。深圳依托深圳证券交易所，包含主板、中小板、创业板在内的多层次资本市场体系加快发展成型，在金融市场规模上仅次于上海，保持全国第二的位置。2019 年，深圳金融业实现增加值 3667.63 亿元，同比增长 9.1%，占同期地区生产总值的 13.62%。深圳的信息科技产业也十分发达，拥有华为、中兴通信、海能达、大疆等一大批科技创新企业，中国电子信息产业前 10 强总部或区域总部均落户深圳，是全球重要的 IT 产业制造基地、研发基础、出口基地和物流中心。借助科技推动金融创新，涌现出腾讯、平安金融科技、微众银行等一大批优秀的金融科技公司。深圳在第 26 期全球金融中心指数中排名第 9 位。

香港是世界级的全球金融中心，在第 26 期全球金融中心指数中排名第 3 位。香港有开放与活跃的金融市场，在 2019 年，香港交易所的 IPO 融资额再次排名世界第一，香港也是最大的人民币离岸市场。香港在银行、保险、基金、私募投资及直接投资方面也非常活跃。在全球百大银行中，70% 在香港有业务。香港拥有区内最活跃的保险市场，保险深度和保险密度全球领先。2018 年香港资产及财富管理业务管理的资产总额达 3.06 万亿美元，作为"一带一路"沿线国家与中国

内地之间的"超级联系人"，香港有望成为中国的全球财富管理中心、领先的离岸风险管理中心和全球资产定价中心。在金融科技领域，香港也具有较好的基础。例如，在流动支付领域，香港早已拥有了比较成熟的电子支付生态，2015 年香港市民就已平均拥有 2.6 张信用卡，信用卡交易量平均每天达 170 万宗。截至2019 年末，香港金管局已下发了 18 个储值支付工具牌照，8 张虚拟银行牌照。

广州是国内排名前列的区域金融中心，金融机构、金融交易平台和金融功能区是金融产业发展的重点。截至 2019 年末，广州全市有法人金融机构 54 家，持牌金融机构 323 家，类金融机构超过 2 万家，全市金融业总资产突破 7 万亿元。广州有股权交易中心、金融资产交易中心和碳排放权交易中心等金融交易平台，影响力日渐提升。2017 年，新增广州绿色金融改革创新试验区、广州白鹅潭产业金融服务创新区两个金融功能区。广州是国内规模最大的金融电子设备制造基地之一，聚焦了一批在技术水平、创新能力、企业规模和经营业绩等方面在全国同行业中居于领先地位的金融电子设备制造企业和金融科技创新企业。近年来，广州在全球金融中心指数中排名不断提升，在第 26 期全球金融中心指数中排名第23 位。

大湾区其他城市经济实力突出，产业体系非常完善，居民生活水平高，具有较好的金融基础，各有优势；但在金融科技发展上都有一定短板，金融科技企业少，金融科技创新有待提升。如能加以引导，协同发展，可以成为粤港澳大湾区金融科技发展的有力补充。

（二）地区间交流合作日趋紧密

2017 年 4 月 26 日，由广东互联网金融协会联合香港互联网金融协会、澳门科技大学、广州互联网金融协会、广州市普惠金融协会在广州共同发起成立粤港澳大湾区互联网金融联盟。联盟的成立旨在引领区域开放合作模式创新与发展动能转换的要求，更好地服务粤港澳大湾区互联网金融企业，推动粤港澳大湾区互联网金融行业的规范健康发展。未来粤港澳三地将在人才培养、制度建设、交流研讨、政策推动以及民间智库等各个方面开展深度合作和研究。

2017 年 6 月 2 日，深圳市金融办与香港金融管理局在深圳举行座谈会，就金融科技领域深化合作达成共识，双方将在金融科技发展咨询、人才培训和经验交流等多方面紧密合作，促进两地金融科技稳健发展。香港金融管理局与深圳金融办将合办金融科技创新奖，表扬和鼓励港深两地金融机构开发金融科技产品。此外，深圳金融办将协助香港金融科技公司在深圳建立据点，香港金融管理局也正与香港数码港及深圳金融办研究，在深圳提供跨境软落地支持，协助香港金融科技公司进军内地市场，同时鼓励内地金融科技公司落户香港。2019 年 12 月 11

日，"深港澳金融科技联盟"在深圳宣告成立。联盟成员单位囊括中银香港、香港交易所、中国平安、招商银行、微众银行、国信证券、华为、腾讯等三地最具代表性和影响力的金融机构、金融科技企业及业内重要社会组织，涵盖当前金融科技行业范畴中的主流业务与研究领域。联盟将以"加快人才培养、加深行业交流、推动产业创新、推进三地交往"为发展宗旨，以"推动三地人才标准统一、加强三地金融科技空间载体建设、培育金融科技企业、举办三地金融科技交流活动、开展金融科技规划研究"为主要任务，致力于三地金融科技发展。

地区间的合作为金融科技跨境发展提供了良好的环境。富途证券于2012年在香港成立，为香港证监会认可的持牌法团，持香港证监会核发的1/2/4/5/7/9类受规管活动牌照，同步在深圳设立富途网络，利用深圳非常充沛的科技人才，迅速建立起自己的科技团队。截至2019年中，富途有员工800余名，其中700人从事的是与科技相关的工作。最重要的是，香港的富途证券和深圳的富途网络不是割裂开的两个公司，而是金融科技的一体两面。在业务流程上，从开户、出入金、行情获取、资讯获取、交易实现到社交互动等，都是富途证券提出金融侧的需求，富途网络负责实现。同样地，富途网络的产品员工，会根据互联网行业对用户体验的极致要求，来反向完善富途证券的需求，使得整个产品体验如所有互联网产品一样流畅极致。

三、金融科技生态融合发展

（一）持牌金融机构积极转型

金融科技的迅猛发展，改变传统金融的经营理念、信息来源、服务渠道、风控策略，对金融行业产生革命性的影响。为应对金融科技的发展和金融业的激烈竞争，银行、保险、证券、信托等持牌金融机构积极转型。持牌金融机构首先从战略高度上树立金融科技发展意识，加快数字化转型步伐。在组织结构上，持牌金融机构探索建立有一定独立性的金融科技部门或子公司，赋予系统开发和产品创新权利，实施扁平化管理，在此基础上创造一个相对隔离的试验田。在基础设施上，持牌金融机构采用开放式、分布式架构，基于云服务基础设施，构建独立于传统物联网（IOE）架构的新型IT系统。在金融服务供给上，持牌金融机构快速掌握大数据、人工智能、云计算、移动互联等新技术，并在客户分析、风险管控、产品创新、内部运营等领域推出应用。

具体到金融行业各子行业，银行业受互联网金融冲击最大，科技转型进程最早、最快，也最为坚决。粤港澳大湾区的股份制商业银行在金融科技发展已占得先机，城商行、农商行开始奋起直追，互联网银行发展取得突破，2019年银行业在促进银行业务全面创新、建设以金融科技为基础的 IT 体系、推动智能网点建设、进行开放银行探索上持续发力，取得了重要进展。大湾区保险公司保险科技发展开始加速，发展潜力巨大。大型保险集团平安保险科技发展优势明显，中小型保险公司有待寻找新的突破，外资保险公司纷纷加快数字化转型，互联网保险公司起步良好。保险公司的移动互联应用有待优化，"大数据＋人工智能"已在多个环节开展应用。证券行业信息技术发展起步迟、发展快、基础好，金融科技在证券行业日益受到重视，但是大湾区内各证券公司金融科技发展在投入上差异较大，互联网券商发展迅速。目前，大湾区证券公司在移动互联技术应用上逐渐深化，量化交易有了新发展，智能投顾成为行业热点。大湾区信托公司发展金融科技的驱动力不足，但是已有预见者先行发展，行业内开始运用移动互联技术提升服务能力，并利用大数据进行客户分层营销和建设智能风控系统。

（二）互联网金融规范发展

互联网金融充分运用金融科技，对传统金融业的渠道、产品、营销、IT、风控等领域进行改造和优化，逐渐在许多金融行业细分业务如个人信贷、中小微企业融资、支付、理财等领域对传统金融业发起有力的挑战，但在发展过程中也出现了不少问题和风险。2016 年 4 月，国务院办公厅发布了《关于印发互联网金融风险专项整治工作实施方案的通知》，从更高层面对互联网金融风险的整治方案进行了明确，并进一步提出对网络借贷信息中介机构和股权众筹、第三方支付、互金广告等活动的整治方案。随着整治的进展，互联网金融的风险逐渐出清，乱象有所修正，互联网金融发展规范性上升。

具体到互联网金融各子行业，新兴支付呈现支付服务产品丰富，市场双寡头格局日益稳固，移动支付对互联网支付形成替代效应，跨境支付发展迅速，从直连模式向网联模式转化这五大特征。网络借贷信息中介平台整改大幕拉开，清退成为主要方向；成交量与贷款余额逐步下降，综合收益率略有下降，平均借款期限略有上升。互联网股权众筹发展处于萎缩状态，监管政策不明确与自身不足制约了行业发展，互联网股权众筹平台在寻找新的发展方向。此外，互联网小贷也在开展风险整治，在金融标准化探索上取得了新进展，优质企业仍面临一些困难。

（三）金融科技企业加快发展

中国金融科技处于蓝海市场，受到政策鼓励，金融科技企业利用自身技术优势，加快金融科技的发展和技术输出。金融科技企业技术输出有助于传统金融机构解决获客成本高、风控成本高、欺诈事件多、客户体验差等"痛点"，也给自身带来了全新业务增长动力，如实现更多的客户导流，以及欺诈借款人黑名单的扩充共享，从而在最短的时间内获得更大的市场份额与业务增速，分享产业发展的成果。

具体到金融科技各子行业，呈现不同的发展特征。大湾区互联技术行业发展中，移动互联技术企业在5G技术上已具有一定的全球技术优势，物联网发展方面，大型企业也走在国内前列，在部分金融场景中开展物联网实验。大湾区的分布式技术行业发展中，云计算行业参与者众多，技术创新能力不断增强，金融机构上云踊跃。区块链产业链已基本形成，区块链概念滥用的风险得到有效控制，区块链在金融领域开始应用探索。大湾区大数据行业中行业龙头占据主要数据源，信息软件企业依托技术优势布局大数据应用，金融大数据应用普及，数据安全日益受到重视。大湾区人工智能产业集聚在香港、深圳、广州三地，人工智能创业企业活跃，大型企业积极布局人工智能，人工智能在金融行业应用形成突破。大湾区信息安全行业发展态势向好，金融信息安全需求迅猛增长，互联网企业强化其信息安全能力，信息安全创业企业有待培育。

（四）回归主业与开放合作成为行业主流

在金融科技发展初期，由于互联网金融企业的兴起，持牌金融机构与互联网金融企业之间的竞争激烈。互联网金融企业在线上获客、移动支付等方面存在优势，持牌金融机构在传统金融业务上存在优势，金融科技企业在技术应用上存在优势，业务主体利用自己的优势向对方领域渗透。随着金融科技发展的深化和监管的明确与强化，回归主业与开放合作成为行业主流。持牌金融机构与互联网公司、金融科技公司一方面回归各自的主业，另一方面积极开放合作，促进金融牌照、客户、流量入口、技术融合，构建开放、合作、共赢的金融科技生态系统。2018年以来，头部互联网企业如百度、阿里、腾讯、京东（BATJ）与各类型金融机构纷纷开展合作，共建金融科技联合实验室，全面提供金融机构的服务技能和用户体验。大湾区的金融机构、互联网公司和科技公司的合作也非常密切。例如，广东农信就分别与华为、京东、阿里形成战略合作。广州银行分别与京东金融、唯品会等互联网公司签订了战略合作协议，并启动了智慧银行项目，目标是打造具有现代数字化核心竞争优势的轻型银行。

四、金融科技应用百花齐放

（一）互联技术与大数据应用普遍成熟

互联技术与大数据技术在金融领域应用起步早、发展快，目前应用已经非常普遍和成熟，也取得了较为显著的效果。互联技术和大数据技术已经普遍应用在支付清算、银行、证券、保险、投资和互联网金融等多个细分行业和支付、借贷、风险评估、投资规划等金融价值链的多个环节的具体业务中，应用普及率已超过60%以上。从发展趋势看，互联技术、大数据技术与金融行业融合步伐将进一步加速，金融业与互联网企业、金融数据与其他跨领域数据的融合应用不断强化，催生出更多的应用场景和跨行业应用，重构传统金融服务环节，促进金融行业服务在更大范围内实现高效、优质、精准的供给。

（二）人工智能成为应用热点

2019年，人工智能成为金融行业的应用热点，各种金融人工智能应用落地。目前，人工智能技术在金融领域应用的范围主要集中在智能客服、智能投顾、智能风控、智能营销、智能投保、智能理赔等方面。从技术发展阶段来看，虽然在人脸识别等领域取得了技术和应用突破，在更多的领域还是处于弱人工智能阶段，只是将人类的工作自动化，表面看像是智能的，但是并不真正拥有智能，也不会有自主意识，不能像人类智能那样能够不断适应复杂的新环境并不断涌现出新的功能。同时也存在企业技术、产品趋同，对自身技术产品夸大宣传，对技术难度的预估过于乐观，急于将不成熟的技术进行商业价值变现的现象。从发展趋势看，随着人工智能技术的发展，人工智能在金融行业的应用空间将进一步拓展，人工智能将与金融行业持续渗透融合，为金融等产业带来转型升级、提质增效的实际效能。

（三）云计算快速发展，区块链从概念走向应用

我国云计算技术发展目前已进入成熟期，上云已成为金融机构的普遍选择。金融机构上云通常采取从外围系统开始逐步迁移的实施路线。互联网金融、渠道类系统、客户营销系统等辅助性业务系统因为安全等级较低，系统问题不会导致巨大的业务风险，通常率先上云。核心业务系统因为安全性要求高，通常在原有构架下运行。大湾区内的招商银行、平安集团形成了较完善的云数据中心布局，并向金融行业输出云技术。大湾区内的中小银行通常与公用云或行业云企业合作，部署私有云。新兴的互联网银行微众银行的全部业务系统都部署在云端，采用腾讯云作为其 FinTech 的底层技术支撑，共同设计构建了分布式金融系统的基础平台。

区块链在贸易金融、供应链金融、支付清算、数据票据等方面已经开始应用。2018年9月4日，中国人民银行贸易金融区块链平台在深圳上线，该平台基于人民银行数字货币研究所自主研发的区块链底层技术，可以实现各跨境贸易主体之间的信息可穿透、信任可传递及信息可共享的功能，涉及供应链应收账款多级融资、跨境融资、国际贸易账款监管、对外支付税务备案表四大应用场景。截至2019年10月末，深圳已有29家银行、485家网点接入，发生业务的企业1898

家，实现业务上链 3 万余笔，业务发生 5000 余笔，业务量约合 750 亿元。2018 年 10 月，香港金融管理局基于平安金融查账通 FMAX 底层框架推出区块链贸易融资技术平台"贸易联动"，该平台主要包含数字化贸易文件、信息加密技术、基于智能合约的流程自动化三方面功能。2019 年 11 月，两平台签署了《关于两地贸易金融平台合作备忘录》，正式启动两平台"互联互通"工作。

（四）信息安全重要性有增无减

金融科技的快速发展对金融行业信息安全提出了更高的要求。大湾区各金融机构在加大金融科技运用的同时，也在持续完善信息科技风险管理组织架构和机制，加强以信息科技部门、风险管理部门、稽核监察部门为主体的信息科技风险三道防线，推动信息科技风险管理工作的落实，从事前、事中、事后三个维度加强信息科技风险管控。2019 年，各金融机构都根据新的发展要求，对信息安全管理的组织及体系进行了完善，加大了对信息安全管理的资源投入。总体而言，大湾区金融机构信息系统运行情况良好，风险较低。

（五）科技融合发展态势明显

互联技术、分布式技术、大数据技术、人工智能技术与信息安全技术等新兴技术并非彼此孤立，而是相互关联、相互促进、共同发展。互联技术改变了用户触达金融或者是获取金融用户的成本和效率。大数据、人工智能和云计算的技术改变了金融机构风险甄别成本和效率，大数据帮金融机构甄别风险，因为甄别风险是基于信息的，而人工智能其实就是一种大数据的学习能力，而云计算的成本大概是传统 IT 成本的十分之一。从目前的发展来看，各项新兴技术在实际应用过程中融合发展态势明显，在金融机构的具体应用实践上，往往都是共同推进的。例如，银行业的数字化建设，从前端来讲，涉及传统业务的数字化、移动化，新一代网点服务的智能化和某些创新的数字化金融服务，如互联网信贷、互联网理财等。从中端来看，涉及利用云计算来改造基础设施。后端则涉及系统架构更加开放、聚合和简化。金融机构的科技发展与应用不是某单一要素的发展，也不仅仅是移动的金融应用或是云计算建设，而是需要发挥互联技术、大数据分析、云计算、人工智能的组合效应。

五、金融科技投融资持续活跃

（一）金融科技融资总额呈现拐点

根据全球市场研究业机构 CB 信息服务公司（CB Insights）公布的数据，2018 年，全球金融科技公司共获得 395.7 亿美元，较上年增长 120%，累计完成 1707

笔融资，高于 2017 年的 1480 笔，这一现象反映出 2018 年全球金融科技的投资热情异常高涨。2018 年单轮融资额的前三家企业均来自中国：蚂蚁金服、陆金所和金融壹账通。粤港澳大湾区金融科技企业 2018 年共发生 126 笔融资，远高于 2017 年（64 笔）与 2016 年（67 笔）；金融科技企业融资额超过 200 亿元，远高于 2017 年的 134.31 亿元和 2016 年的 72.93 亿元。进入 2019 年，金融科技投资呈现拐点，表现为融资总额和交易量比 2018 年均有一定幅度的下跌，特别是在第四季度，其主要原因是经过过去两年的投资增长和巨额交易，金融科技行业发展成熟度已显著提高，交易机会减少。此外，PE 和 VC 等投资机构融资难也是原因之一。

（二）融资区域集聚，早期融资活跃

从融资地区分布来看，2018 年粤港澳大湾区金融科技融资事件主要发生在深圳、香港和广州 3 个城市。其中，深圳金融科技融资达 68 笔，涉及融资金额达 91.34 亿元，香港融资为 25 笔，融资金额超过 50 亿元；广州融资为 17 笔，融资金额为 34.49 亿元。无论从融资笔数还是从融资额度来看，深圳均居首位，香港和广州位列其后。在大湾区的 126 笔融资中，C 轮及以前的融资达 77 笔，占总笔数的 61.11%，相应的融资额为 112.91 亿元，约占融资总额的 66.42%。

2019 年，大湾区融资继续呈现融资区域集聚，早期融资活跃这一特点。由此可见，随着整个行业的成熟度提升，交易逐渐向某些欠成熟的细分行业和企业发展，早期融资较活跃还是能给初创期和成长期的金融科技企业一定的资金支持。

（三）融资领域多元化，区块链成为热点

从投融资领域上看，2018 年大湾区金融科技投资包括区块链、网贷、财富管理、互联网保险、支付、证券等多个细分领域，其中区块链投资成为热点。2018 年，区块链融资为 42 笔，网贷融资为 22 笔，财富管理融资为 15 笔，排名融资笔数前三位。从金额来看，由于区块链企业多处于创业初期，融资额相对较少，2018 年区域链总融资额约为 4.63 亿元，单笔融资额约 1100 万元。2018 年，大湾区单笔融资额最大的为金融壹账通的 A 轮融资（2018 年 1 月），融资金额约 6.5 亿美元；5 月商汤科技完成 6.2 亿美元 C + 轮融资，4 月商汤科技完成 6 亿美元 C 轮融资，分别位列大湾区年度第二、第三大笔融资。2019 年 11 月，金融壹账通向美国证券交易委员会递交了招股说明书，并于 12 月 13 日在纽约证券交易所（NYSE）市场上市，融资规模达 3.12 亿美元。

第四章 粤港澳大湾区各地区
金融科技发展分析

第一节 珠三角九城市金融科技发展

一、广州金融科技发展

（一）广州金融科技发展环境

1. 经济实力。2014年，广州地区实现地区生产总值16707亿元，全年来源于广州地区的财政收入4834亿元。此后，地区生产总值和财政收入均每年保持稳定增长。2018年，广州地区实现生产总值22859.35亿元，同比增长6.2%，人均地区生产总值155491元；财政收入6205亿元，增长4.3%；地方一般公共预算收入1632.30亿元，增长6.5%。2019年，广州地区实现生产总值23628.60亿元，增长6.8%；财政收入6336亿元，增长2.1%；地方一般公共预算收入1697.21亿元，增长4.0%（见图4.1）。

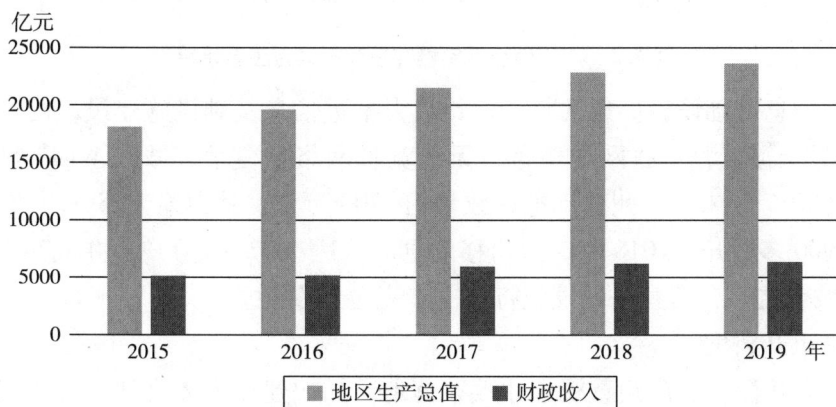

图4.1 广州地区生产总值和财政收入状况

2. 基础设施

（1）基础设施状况。近年来，广州大力投资基础设施，特别是加大地铁、高速公路、高铁等基础设施的建设力度。基础设施的完善，为广州经济的稳定增长奠定了坚实基础。2017 年，广州基础设施投资 1684.30 亿元，增长 15.3%。2018 年，广州市基础设施投资 1891.47 亿元，增长 12.3%；广州白云国际机场旅客吞吐量 6974.32 万人次，增长 5.9%；广州地铁通车里程达到 513 公里，稳居国内第三位。2019 年，广州基础设施投资较 2018 年增长了 24.5%，白云国际机场旅客吞吐量 7338.61 万人次，增长 5.2%。

（2）写字楼面积及租用成本。2014 年底，广州全市甲级写字楼存量为 372 万平方米；平均租金为每月 134 元/平方米。随着珠江新城、琶洲、越秀、天河北等核心商圈的持续发力，广州写字楼大量兴建，存量规模快速增加，平均租金也稳步上涨。2018 年，广州甲级写字楼存量为 500 万平方米，全市空置率为 4.3%，平均月租金增长至 190.9 元/平方米。2019 年，广州甲级写字楼存量 524 万平方米，租金回落至 175 元/平方米，写字楼的供应与需求状况保持同步增长，空置率仅约 5.4%（见图 4.2）。

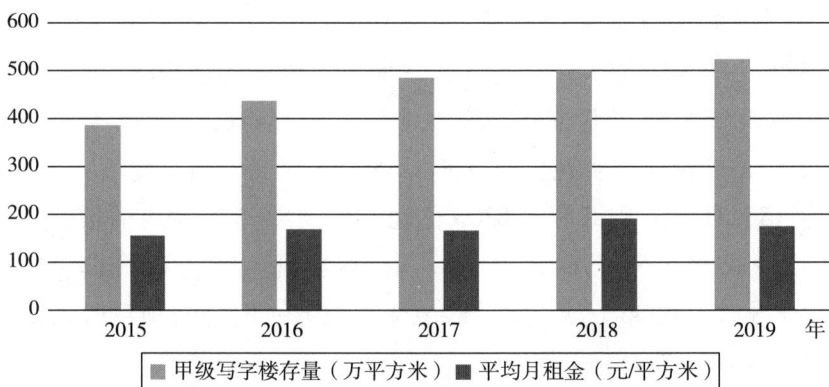

图 4.2 广州甲级写字楼存量和平均月租金水平

（3）信息基础设施。近几年，广州大力推进信息基础设施建设，已经基本实现 4G 信号全覆盖，互联网全覆盖、无线宽带网络全覆盖，城区 Wi-Fi 热点全覆盖。截至 2017 年末，广州移动电话数量约 2700 万户，其中绝大部分为智能手机，4G 用户 900 多万户。2018 年，广州移动电话数达 4007.73 万户，并成为中国首批 5G 试点城市之一，信息基础设施将进一步完善和发展。

3. 城市开放度

（1）人才流动。广州重视人才政策落地，加快建设人才高地。近年来，广州在新兴产业中人才需求量大增，科技人才需求增幅达到 31%。为了吸引高层次人才，加快科技研发和应用，广州于 2017 年 12 月推出了 3 份文件，承诺 5 年内将投入约 15 亿元，为高层次人才提供住房保障、医疗保障、子女入学、创新创业、资助补贴等方面的优厚待遇。截至 2018 年底，广州地区具有大专以上学历人才资源总量达 377 万人。在广州地区工作的诺贝尔奖获得者 6 人、"两院"院士 97 人，国家重大人才工程入选者 493 人。广州市"人才绿卡"累计已发放 4880 张，在穗留学回国人员近 8 万人，在站博士后研究人员 599 人。

（2）对外贸易与投资。2014 年，广州全年商品进出口总值 1306 亿美元，以当年度的美元/人民币平均汇率中间价折算，为 8018.84 亿元人民币。2017 年，广州全年商品进出口总值同比大幅增长 13.7%。2018 年，广州全年商品进出口总值 9810.15 亿元，比上年增长 1.0%。全年新签外商直接投资项目 5376 个，比上年增长 1.2 倍。实际利用外商直接投资金额 66.11 亿美元，增长 5.1%。

（3）创新创业。广州全力建设国家创新中心城市和国际科技创新枢纽，打造国际科技产业创新中心，科技创新。2017 年，广州新增科技创新企业 4 万家，总数突破 16.9 万家，连续两年呈爆发式增长。众创空间、孵化器总数分别达 164 家（国家级 53 家）、261 家（国家级 26 家），孵化面积 987.6 万平方米，优秀国家级孵化器数量连续 3 年居全国前列。2017 年中国创新创业大赛广州赛区参赛企业 3154 家，占广东省的 75.14%，超过了除上海、广东以外的所有省级赛区。2018 年以来，广州继续实施靶向扶持，以孵化企业上市（挂牌）、高新技术企业认定、创业导师培养等为导向，给予众创空间、孵化器针对性奖励和补贴，引导其提升孵化服务能力和水平。在政府的引导和扶持下，广州创新创业的氛围将进一步提升，创新创业的成果有望不断取得突破。截至 2019 年末，广州共有国家级孵化器 36 家，国家级孵化器培育单位 21 家。

4. 生活环境。近 5 年来，广州城市与农村居民的人均可支配收入保持稳定增长。2014 年，广州城市常住居民人均可支配收入 42955 元，农村常住居民人均可支配收入 17663 元。2017 年，广州全市参加基本养老保险 921.30 万人，城镇各种社区服务设施 2245 个。2018 年，广州城市常住居民人均可支配收入 59982.1 元，增长 8.3%；农村常住居民人均可支配收入 26020.1 元，增长 10.8%。2019 年，广州城镇常住居民和农村居民人均可支配收入分别为 65052 元和 28868 元，分别增长 8.5% 和 10.9%（见图 4.3）。广州全市医疗、教育、养老、文化、休闲、体育等公共设施建设继续完善，为市民提供了良好的生活环境。

5. 政策和监管环境

（1）金融扶持发展政策。截至 2018 年末，广州有关金融扶持和发展的政策体系进一步完善，形成了全方位、多层次的引导和扶持政策体系。广州近几年的

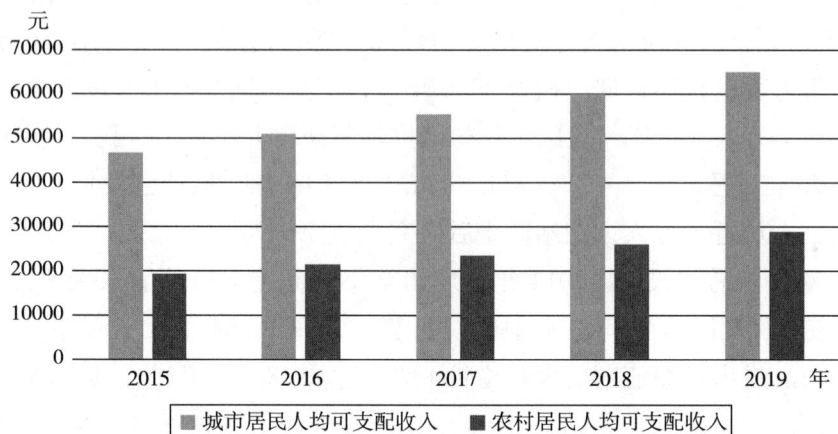

图 4.3　广州城市与农村居民人均可支配收入

金融扶持发展政策，既有全面的金融发展规划、促进金融科技创新发展的实施意见，又有对如保险业、融资担保业、互联网金融、资本市场等的引导，还有对高层次金融人才的扶持，可谓相当全面（见表 4.1）。

表 4.1　　　　　　　　　　广州市金融发展扶持政策汇总

日期	政策名称
2011 年 5 月 19 日	广州区域金融中心建设规划（2011—2020 年）
2015 年 2 月 2 日	广州市人民政府办公厅关于推进互联网金融产业发展的实施意见
2015 年 4 月 18 日	关于贯彻落实国务院加快发展现代保险服务业若干意见的实施方案
2015 年 5 月 23 日	关于促进科技、金融与产业融合发展的实施意见
2015 年 7 月 29 日	进一步发展和利用资本市场的若干意见
2016 年 8 月 24 日	2016—2018 年加快广州金融创新服务区建设行动方案
2016 年 11 月 22 日	广州市金融业发展第十三个五年规划（2016—2020 年）
2018 年 2 月 9 日	关于促进广州市融资担保行业加快发展的实施方案
2018 年 8 月 31 日	关于广州扩大金融对外开放提高金融国际化水平的实施意见
2018 年 10 月 11 日	广州高层次金融人才支持项目实施办法（修订）
2018 年 10 月 23 日	广州市关于促进金融科技创新发展的实施意见

资料来源：课题组整理。

（2）地方金融监管政策。广州历来注重地方金融风险监控与预防。从实际情况看，近几年广州金融发展的趋势稳中有升，广州金融防控成效非常显著。特别是在 2018 年 5 月，广州市颁布《广州市决胜防控金融风险攻坚战三年行动计划（2018—2020 年）》，成为全国首个出台防控金融风险攻坚战行动计划的城市（见表 4.2）。

表 4.2 广州市地方金融监管政策汇总

日期	政策名称
2013 年 12 月 19 日	关于进一步加强融资担保公司监督管理的暂行规定
2016 年 11 月 11 日	广州市区级政府投资基金管理公司监管暂行办法
2017 年 7 月 24 日	广州市关于促进各类交易场所规范发展的暂行办法
2017 年 12 月 7 日	广州市风险投资市场规范发展管理办法
2018 年 5 月 15 日	广州市决胜防控金融风险攻坚战三年行动计划（2018—2020 年）
2018 年 11 月 26 日	广州市政策性小额贷款保证保险实施办法（修订）

资料来源：课题组整理。

6. 税收环境。广州被确定为全国首批 5 个优化税收营商环境试点单位之一。广州对小微企业、重点扶持的高新技术企业、居民技术转让所得等方面，都推出了税收减负具体措施。广州大力开发南沙自贸区，对在南沙区注册和开展业务的企业，除了直接的财政补贴和税收优惠外，南沙地税还推行智能识别、主动推送、简易办理"三位一体"的税收优惠政策落实机制。

近年来，广州国税部门深化落实"放管服"改革、推出纳税便利度先行先试措施等，营造规范有序、便民高效、公平透明的税收法治环境，不断推动广州市场化、法治化、国际化营商环境建设。

（二）广州金融业发展状况

1. 金融机构发展。广州积极推进区域金融中心建设，对金融机构落户、增资扩股、并购等配套相应的奖励金额，金融机构体系日益完善。当前，广州已经形成了种类齐全、层次丰富、结构合理的金融机构体系。截至 2019 年底，广州有持牌金融机构 323 家，其中法人金融机构 54 家，商业银行总行 13 家。证券公司 3 家，信托公司 2 家，期货公司 8 家。保险业法人机构 5 家，市场主体 106 家，小额贷款公司 112 家，融资担保机构 34 家，股权投资机构 6200 家（见图 4.4）。

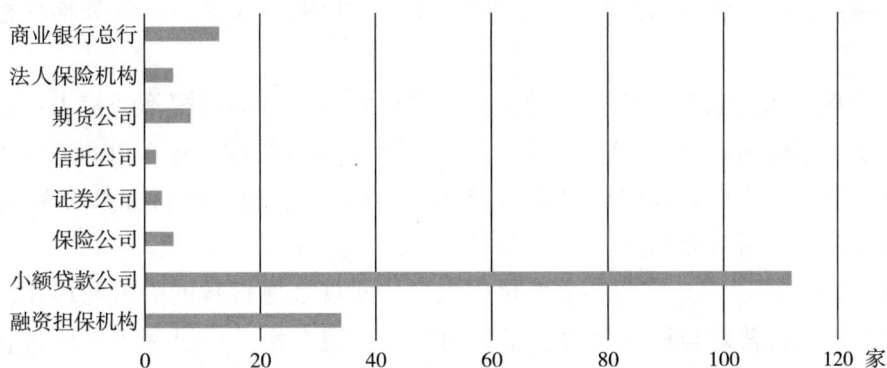

图 4.4 2019 年广州金融机构数量

47

2. 金融市场交易量。广州金融机构齐全，金融市场各主体参与积极，交易量巨大。截至 2019 年末，广州全市金融机构本外币各项存款余额 59131.20 亿元，同比增长 7.92%；全部金融机构本外币各项贷款余额 47103.31 亿元，增长 15.6%。由于股市回暖，股票交易额大幅增长至 76241.97 亿元，同比增长 43.2%。期货交易量大幅增长，期货公司全年代理交易额 46.09 万亿元，同比增长 48.1%。保险公司全年原保费收入 1424.83 亿元，增长 22.5%；支付各类保险赔款及给付 362.47 亿元，增长 12.6%（见图 4.5）。

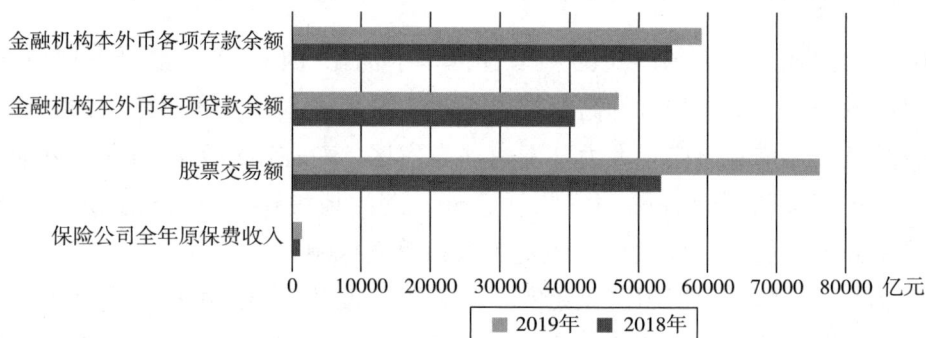

图 4.5 2018—2019 年广州金融市场交易量

3. 金融基础设施建设。广州金融基础设施持续完善。截至 2017 年末，广州银行业金融机构共有机构网点 2919 个。广州 7 个村镇银行法人机构共设立支行 24 家，网点 33 个，便民金融服务点 15 家，发行银行卡近 10 万张。截至 2017 年末，广州市共有 1.59 万台 ATM 和 66.09 万台 POS 终端可受理金融 IC 卡，POS 非接改造率达 100%。2018 年，广州银行业金融机构网点减少到 2883 个，其他银行卡数、ATM、POS 终端等比上一年略有增长。此外，广东股权交易中心、广州金融资产交易中心、广州商品清算中心、广州航运交易所、广州民间金融街、广州国际金融城、广州金融创新服务区、南沙现代金融服务区等各项业务均在稳步推进中。

4. 金融业人力资本。广州金融业持续快速发展，行业规模不断扩大，金融业从业人员逐年增加。截至 2018 年末，广州银行业金融机构从业人员 83176 人。其他非银行金融机构中，保险业从业人员 15.3 万人，小贷公司行业从业人员 2921 人，融资担保公司行业从业人员 1021 人。

5. 金融科技运用。广州各金融机构大多已实现金融科技的引入与应用。广州的大型商业银行普遍与科技公司、互联网公司开展合作，广泛利用金融科技，满足不同群体的金融需求。

截至 2018 年末，广州地区主要法人银行共建立智能银行网点 159 个，积极探索大数据精准营销和智能投顾产品的运用。此外，各银行推出手机 NFC 近场支付、云闪付、二维码支付等快捷移动金融，打造手机银行、微信银行等金融服务平台等多种举措并行。广州证券、基金、期货等机构也在云计算、区块链、智能投研、大数据方面取得了积极成效。保险公司也广泛应用金融科技，基本已实现线上线下一体化服务方式。

6. 金融业发展绩效。2017 年 3 月，广州首次进入全球金融中心指标体系，在 2018 年第 24 期全球金融中心指数中排名第 19 位。2019 年，广州实现金融业增加值 2041.87 亿元，同比增长 8.2%，占全市地区生产总值的比重达 8.6%；金融业对地区生产总值的贡献率为 10.4%，拉动地区生产总值增长 0.7 个百分点。广州金融业税收达 448.7 亿元，同比增长 7.8%，来源于金融业的税收收入增长较快。广州银行业金融机构不良贷款率 0.88%，同比下降 0.08%。

（三）广州科技创新发展状况

1. 科技创新资源。2019 年，广州全年研究生教育招生 3.95 万人；普通高等教育本专科招生 36.16 万人；技工学校招生 8.66 万人。年末全市县级及以上国有研究与开发机构、科技情报和文献机构 186 个。全市在穗院士人数 51 人，其中中国科学院院士 22 人，中国工程院院士 22 人，以及国外、境外机构获评院士 7 人。拥有国家工程技术研究中心 18 家，国家级企业技术中心 27 家，国家重点实验室 20 家。省级工程技术研究中心共 956 家，市级企业研发机构 2425 家。省级重点实验室 237 家，市级重点实验室 165 家。国家级、省级大学科技园 8 个（见图 4.6）。

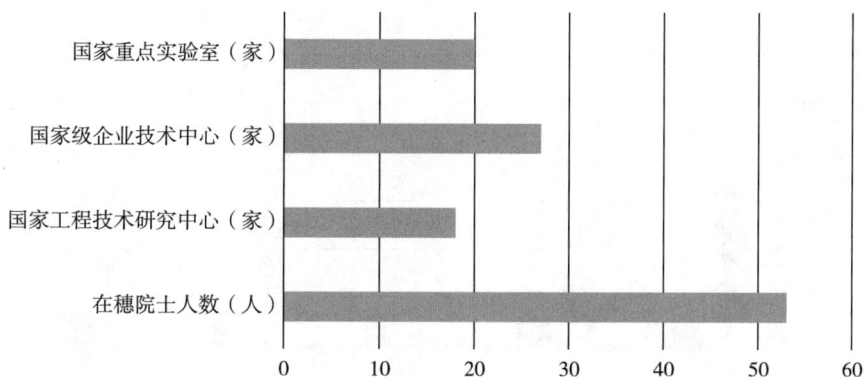

图 4.6　2019 年广州科技创新资源

2. 相关产业发展。2017 年，广州科技创新企业发展迅速。新增科技创新企业 4 万家，总数突破 16.9 万家；高新技术企业总数超过 8700 家，连续两年呈爆发式增长。2018 年，广州市政府积极建设国家级重点实验室、国家超级计算广州中心、国家级和省级国际科技合作基地、市级国际科技合作平台和孵化基地、工程技术研究开发中心、众创空间等人才集聚平台。截至 2018 年末，广州在孵企业数量 9445 家，众创空间累计 179 家，省级新型研发机构 50 家，居全省第一，科技企业突破 20 万家。2019 年末，全市累计有认定的高新技术企业 12174 家。

3. 科技创新绩效。广州科技创新绩效显著。2018 年，全年受理专利申请 173124 件，增长 46.3%；其中发明专利 50169 件，增长 35.8%，占申请量的 29%。专利授权 89826 件，增长 49.2%；其中发明专利授权 10797 件，增长 15.5%。2019 年受理专利申请 177223 件，增长 2.4%。此外，广州的科技成果转化加速，2017 年李立涅院士主持完成的"特高压 ±800kV 直流输电工程"荣获国家科技进步奖特等奖，实现省、市牵头完成特等奖项目零的突破。

二、深圳金融科技发展

（一）深圳金融科技发展环境

1. 经济实力。2014 年，深圳实现地区生产总值 16001.98 亿元，全年完成一般公共预算收入 2082.44 亿元。此后几年，深圳经济发展走上快车道，于 2016 年经济总量超越广州，居国内第三位。2018 年，全年实现地区生产总值 24221.98 亿元，比上年增长 7.6%。人均地区生产总值 189568 元，增长 3.2%。全年完成一般公共预算收入 3538.41 亿元，比上年增长 6.2%。其中税收收入 2899.60 亿元，增长 9.2%。2019 年，深圳实现地区生产总值 26927.09 亿元，增长 6.7%，完成一般公共预算收入 3773.21 亿元（见图 4.7）。

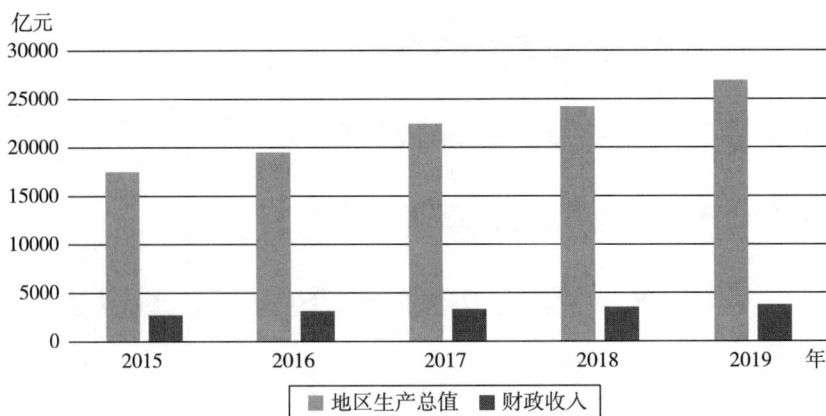

图 4.7　深圳地区生产总值和财政收入状况

2. 基础设施

（1）基础设施投资。2017 年，深圳全市基础设施投资额达到 1163.45 亿元，增长29.2%。2019年，深圳市基础设施投资增长33.6%。深圳机场新开通伦敦、温哥华、巴黎等15个国际客运航点，国际客运通航城市累计达60个，机场旅客吞吐量达5293.19万人次，增长7.26%。港口集装箱吞吐量达2576.92万标箱。年末境内公路总里程735.77公里，其中高速公路426.46公里。轨道交通通车里程315.72公里。

（2）写字楼面积及租用成本。随着深圳经济的飞速发展，近五年来，深圳甲级写字楼供给持续大幅度增加，空置率上升，租金水平有下滑趋势。截至2019年底，深圳市甲级写字楼总存量约552.4万平方米，同比增长10.73%。从产业结构方面看，深圳金融、科技类企业无疑是需求的主力军，受宏观经济环境等不确定因素的影响，租赁意向转趋谨慎。深圳写字楼空置率上升至22.04%，平均月租金调整为242.53元/平方米，同比下降12.3%（见图4.8）。

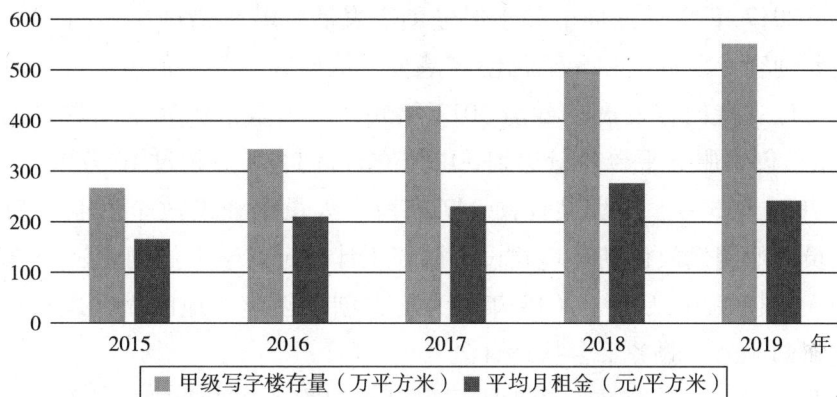

图4.8　深圳甲级写字楼存量和平均月租金水平

（3）信息基础设施。2019年，深圳全年完成邮电业务总量（2010年价格）1622.81亿元，比上年增长39.9%。年末固定电话用户430.80万户。年末移动电话用户2895.50万户。年末固定互联网宽带接入用户533.1万户，移动互联网用户2517.50万户。

当前，深圳将加快5G商用步伐，积极推进5G等信息基础设施在粤港澳大湾区互联互通，共建具有全球影响力的国际科技创新中心；将持续推动5G网络、技术、产品与应用深度融合，努力把深圳建设成为基础设施完备、核心技术一流、应用场景丰富、生态体系健全的国际领先5G创新中心。

3. 城市开放度

（1）人才流动。2017年9月，深圳市出台高层次人才认定奖励补贴认定标准，有效期为5年，期望进一步把各类优秀人才集聚到深圳。2018年1月至11月，深圳市人才引进数量达到23.74万人，同比增长10.52%。其中研究生学历

2.51 万人，同比增长 18.96%；本科学历 12.79 万人，同比增长 15.12%。深圳人才引进呈现高学历、专业化、年轻化特点，深圳市人才综合素质和创新创业能力全面提升，截至 2018 年 11 月底，深圳市新认定国内高层次人才 1192 人。

（2）对外贸易与投资。2018 年，深圳全年货物进出口总额 29983.74 亿元。实际使用外商直接投资金额 82.03 亿美元，增长 10.8%。2019 年，深圳全年货物进出口总额 29773.86 亿元，比上年下降 0.6%。其中出口总额 16708.95 亿元，增长 2.7%；进口总额 13064.92 亿元，下降 4.7%。出口总额连续 27 年居内地大中城市首位。全年新签外商直接投资合同项目 5867 个，比上年下降 60.4%；实际使用外商直接投资金额 78.09 亿美元。

（3）创新创业。深圳是中国最具硅谷气质的城市，创新创业活动极为活跃。为推动大众创业、万众创新，深圳先后出台了《深圳市促进创客发展三年行动计划（2015—2017 年）》《深圳市关于促进创客发展的若干措施（试行）》等政策，设立 5 亿元创客专项资金和 3 亿元创客基金，从创客空间、创客人才、创客服务等方面全方位支持创客发展。截至 2017 年底，深圳全市创客空间数量已经超过 200 个，全市创客服务平台数量达到 50 个，全市创客数量超过 10 万人。

截至 2018 年 3 月，深圳共计向 947 家留学人员企业发放了创业资助，向 21 家留学人员创业园发放创新环境建设资助，累计认定留学人员创业园 33 家，累计吸引海归人才超过 10 万人。2018 年，为促进创新创业基地的蓬勃发展，深圳市实施了创新创业公共服务平台扶持计划。

4. 生活环境。近五年来，深圳市居民可支配收入和消费支出持续增长。2019 年，全市居民人均可支配收入 62522.40 元，比上年增长 8.7%。居民人均消费支出 43112.65 元，增长 6.4%（见图 4.9）。全市有各类公共图书馆 674 座，公共图书馆总藏量 4745.95 万册（件），比上年增长 6.5%。全市拥有博物馆、纪念馆 52 座，美术馆 11 座，广播、电视人口覆盖率达 100%。全市有卫生医疗机构 4513 个，比上年增加 707 个；卫生机构拥有床位 51318 张，增长 7.9%；卫生技术人员 10.28 万人，增长 9.7%。全市自来水普及率达 100%。城市污水处理率 97.72%，生活垃圾无害化处理率 100%。全市建成区绿化覆盖率 43.4%，年末共有公园 1090 个，比上年增加 117 个。

5. 政策和监管环境。深圳以创新为荣，在金融科技还处于初级阶段时，深圳就已敏锐地看到金融科技的价值。近年来，深圳通过完善金融支持政策体系，吸引集聚优质金融资源，推动全市金融业可持续均衡发展，加快建设国际化金融创新中心（见表 4.3）。2017 年颁布的《深圳市扶持金融业发展若干措施》中提到，要充分发挥"金融创新奖和金融科技专项奖"的创新激励作用。其中金融科技

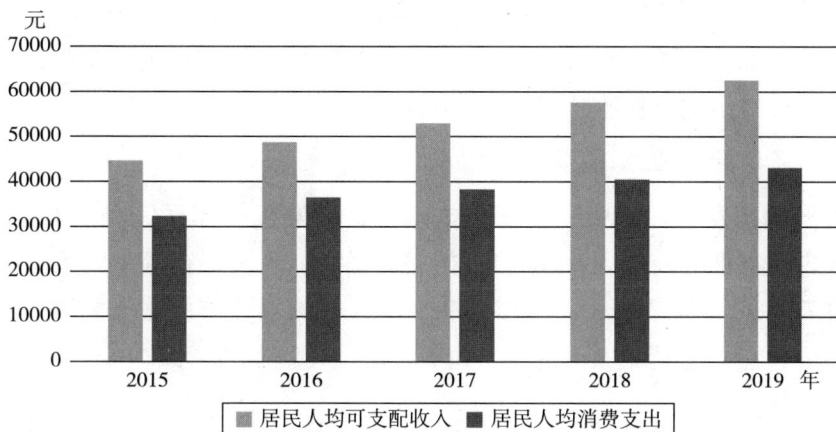

图4.9 深圳居民人均可支配收入与消费支出

（FinTech）专项奖，重点奖励在区块链、数字货币、金融大数据运用等领域的优秀项目，年度奖励额度控制在600万元以内，金融科技专项奖的设置在全国尚属首次。

表4.3 深圳市金融发展扶持政策汇总

日期	政策名称
2014年1月6日	关于充分发挥市场决定性作用 全面深化金融改革创新的若干意见
2015年3月15日	关于支持互联网金融创新发展的指导意见
2015年4月29日	关于利用资本市场促进深圳产业转型升级的指导意见
2015年12月3日	关于打造深圳金融标准构建深圳金融发展新优势的指导意见
2017年5月6日	金融要素市场财政资助资金申请操作规程（试行）
2017年6月22日	深圳市推进普惠金融发展实施方案（2016—2020年）
2017年9月25日	深圳市扶持金融业发展若干措施的通知
2017年10月12日	深圳市金融创新奖和金融科技专项奖评选办法
2018年1月18日	关于进一步支持商业银行资本工具创新的意见
2018年4月26日	《深圳市扶持金融业发展若干措施》资助项目申报操作指引

资料来源：课题组整理。

6. 税收环境。深圳国税局统计资料显示，2017年，深圳全市纳税人减免税近1650亿元。全市共有超过95万户小微企业享受免征增值税税额超11亿元，优惠政策落实面为100%。一年来，深圳国税累计简化21项办税业务、29个办税环节，19种办税资料；报送资料减少40%左右，报送环节压缩60%以上，办税时间缩减50%以上。

2018年，深圳国地税将实施包括城镇土地使用税、车船税、印花税等的减税降负政策；发布"最多跑一次"和"全程网上办"服务清单，推行简易注销

"一次性办结"等；推出"金融超市""税信通"信用融资服务平台用于激励诚信纳税；推行实名办税，推出"一体化电子税务局"并对接财务软件实现"一键申报"等，进一步优化税收环境。

（二）深圳金融业发展状况

1. 金融机构发展。深圳市金融机构众多，金融机构体系完备。截至 2019 年末，深圳共有商业银行总行 18 家，包括招商银行、平安银行等国内大银行；保险法人机构 27 家，位居全国大中城市第三，法人机构总资产位居全国第二；法人基金公司 30 家，信托公司 2 家，证券公司 22 家，小额贷款公司 129 家（见图 4.10）。

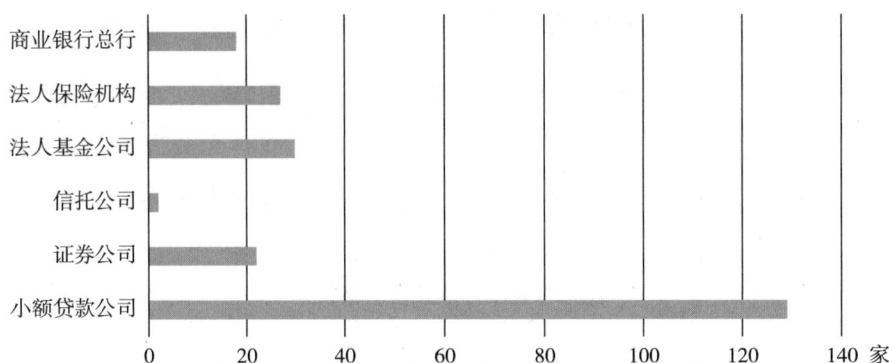

图 4.10　2019 年深圳金融机构数量

2. 金融市场交易量。深圳依托深圳证券交易所，包含主板、中小板、创业板在内的多层次资本市场体系加快发展成型，在金融市场规模上仅次于上海保持全国第二的位置。2019 年，深圳全市金融机构本外币各项存款余额 8.39 万亿元，同比增长 15.7%；本外币各项贷款余额 5.95 万亿元，同比增长 13.2%。全年证券市场总成交金额 100.79 万亿元，比上年增长 37.0%。全市实现原保险保费收入 1384.47 亿元，同比增长 16.2%。深圳资产管理行业的资产总规模超过 13 万亿元，约占全国的 1/4。

3. 金融基础设施建设。深圳金融机构数量众多，已覆盖深圳全市。截至 2018 年末，深圳的银行金融机构网点约 1600 个，ATM 约 1.8 万台，各机构通过柜台、ATM、POS 机、网上银行等方式连接在一起，构成了强大的金融基础设施网络，保证了企业和个人的金融服务需求。目前，深圳大力推进前海高水平对外开放门户枢纽改革，提出要加强深港跨境金融基础设施建设，深化跨境金融创新，加快金融科技产业集聚发展。

4. 金融业人力资本。深圳金融行业发展迅猛，各种金融创新和金融科技层出不穷，吸引大量的金融专业人才来到深圳。截至 2018 年末，深圳市金融从业人员已超过16万人，其中有不少高层次金融人才。当前，深圳正积极推进百千万金融人才培养工程。对金融人才个人方面，最高每年10万元/人的标准给予资助。对在深圳的金融机构、协会、研究所等方面的高级人才，最高给予一次性100万元奖励。

5. 金融科技运用。深圳金融科技公司众多，高科技企业集聚，创新能力非常突出，涌现出平安金融科技、微众银行等一大批优秀的金融科技公司。不同金融机构之间、金融机构与非金融机构之间的界限趋于模糊。当前，深圳各金融机构已经广泛开展金融科技运用。2018年6月15日，深圳金融科技有限公司成立，该企业由中国人民银行数字货币研究所100%控股。深圳市互联网银行、保险产业位居全国第一，传统金融科技化同样位居全国第一；深圳市金融科技使用者占比86%，居全国第二。未来几年，深圳将加快金融与科技融合发展，普及大数据、云计算、人工智能、区块链等金融技术，以步入金融发展的新阶段。

6. 金融业发展绩效。2017年，深圳金融业增加值占地区生产总值的比重为13.6%；金融业实现国地税合计税收占全市总税收的20.5%。2018年，深圳金融业实现增加值3067.21亿元，同比增长3.6%，占地区生产总值的比重为12.7%；金融业实现税收（不含海关代征和证券交易印花税）1314.8亿元，同比增长17.5%，占全市总税收的22.37%。金融业对全市税收的贡献超过制造业（20.30%），成为全市纳税第一的产业。2019年，金融业增加值比上年增长9.1%。

（三）深圳科技创新发展状况

1. 科技创新资源。截至2018年末，深圳全市共有各类专业技术人员166.60万人，比上年增长8.3%，其中具有中级技术职称以上的专业技术人员50.90万人，增长9.5%。2018年，深圳出台"一个意见、两个计划"人才政策，人才集聚效应不断增强。全年新增全职院士12名，新认定高层次人才2678名。新增各类创新载体189家，累计达1877家，全社会研发投入突破千亿元。新增国家级高新技术企业超过3000家，累计突破1.4万家，均居全省首位。

2. 相关产业发展。截至2018年末，深圳拥有经认定的国家级高新技术企业达到1.44万家，比上年增加5407家。深圳的信息科技产业也十分发达，拥有华为、中兴通信、海能达、大疆等一大批科技创新企业，中国电子信息产业前10强总部或区域总部均落户深圳，是全球重要的IT产业制造基地、研发基础、出口基地和物流中心。腾讯、比亚迪等一批具有国际竞争力的创新型龙头企业迅速崛起，大疆、优必选、超多维等一批高成长性的创新型中小企业不断涌现，充分说明深圳创新生态体系日益走向完善。

3. 科技创新绩效。2018福布斯中国发布最具创新力的30个城市榜，由新申请专利数（人均及总量）、专利授权量（人均及总量）、发明专利授权量（人均及总量）、国际专利/PCT 申请（人均及总量）、科技三项支出占地方财政支出比例等指标加权计算而得，考察每座城市的创新力，深圳名列第一。

2019 年，深圳全年专利申请量与授权量分别为 26.15 万件和 16.66 万件，分别增长 14.4% 和 18.8%。其中，发明专利申请量与授权量分别为 8.29 万件和 2.61 万件，分别增长 18.4% 和 22.3%；PCT 国际专利申请量 1.75 万件，减少 3.4%。2018 年获中国专利金奖 4 项、国家科技奖 16 项、何梁何利基金科学与技术进步奖 1 项。

三、珠三角其他城市金融科技发展

（一）珠三角其他城市金融科技发展环境

1. 经济实力。珠三角城市群除了广州和深圳外，另有 7 个城市，分别为东莞、佛山、珠海、中山、江门、惠州和肇庆。2018 年，从地区生产总值总量排名看，佛山 9935.88 亿元，东莞 8278.59 亿元，两城市遥遥领先于其他 5 个城市。从人均地区生产总值排名看，珠海占据第一，佛山、中山均超过了 10 万元，其次是东莞、惠州、江门和肇庆。从一般公共预算收入看，佛山和东莞领先较多，惠州、珠海、中山、江门紧随其后，肇庆差距较大（见图 4.11）。2019 年，佛山实现地区生产总值 10751.02 亿元，增长 6.9%；东莞实现地区生产总值 9482.5 亿元，继续领先于其他 5 个城市。

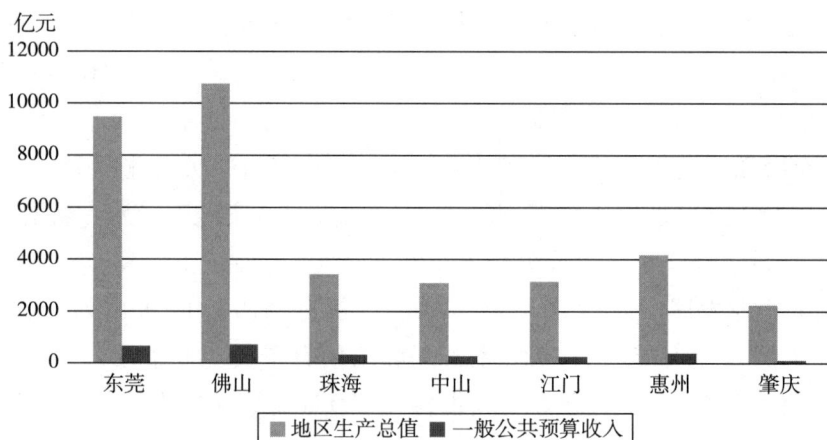

图 4.11　2019 年珠三角七城市地区生产总值和财政收入

（资料来源：课题组、网贷之家整理）

2. 基础设施

（1）基础设施投资。珠三角其他城市均大力投入基础设施建设。2018 年，佛山的基础设施投资额达到 652.96 亿元，2019 年增长 21.4%；肇庆、珠海、惠州、江门都超过了 400 亿元；东莞和中山相对较低。从公路密度上看，东莞领先优势较大，其次是中山和佛山，惠州、江门、肇庆和珠海公路密度较低（见图 4.12）。其他方面，佛山和东莞均已经开通了地铁；珠海、中山、惠州、江门均有地铁规划建设。

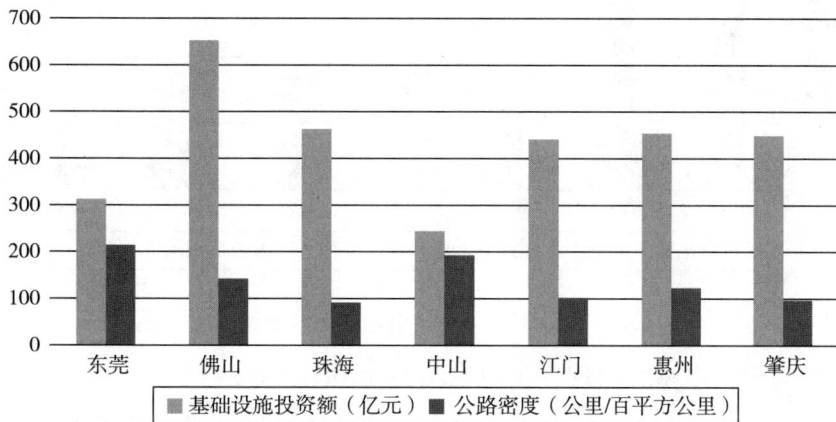

图 4.12　2018 年珠三角七城市基础设施状况

（2）写字楼面积及租用成本。珠三角其他城市的甲级写字楼存量主要集中在佛山、东莞和珠海三个城市。2018 年，佛山甲级写字楼存量大幅增至 169.4 万平方米，空置率 36.9%，平均月租金 65.8 元/平方米。东莞、珠海的写字楼面积存量均已超过 100 万平方米，其中东莞写字楼的平均月租金约 60 元/平方米，珠海写字楼的平均月租金约 55 元/平方米。

中山、江门、惠州和肇庆四个城市写字楼存量面积较少，由于高端服务业发展相对落后，甲级写字楼的需求不大，且普遍存在较大的空置率。四个城市写字楼的租金水平相差不大，平均月租金在 30～40 元/平方米。

（3）信息基础设施。近几年，珠三角其他城市的信息基础设施建设发展很快。从邮电业务量看，佛山和东莞领先较多，其次是中山、江门和珠海，接着是肇庆和惠州。从移动电话数量看，东莞和佛山同样遥遥领先，惠州、江门和中山基本相当，肇庆和珠海分列最后两位。从互联网用户看，佛山领先较多，其余各城市中心城区基本实现互联网宽带全覆盖，郊区和农村地区的宽带覆盖率普遍不足（见图 4.13）。

3. 城市开放度

（1）人才流动。粤港澳大湾区中，深圳和广州作为两大核心城市，担当着人才流动中心的角色，从外界流入大湾区的人才有 40.39% 都流向深圳，31.42% 流向广州，两者占到 7 成以上。同时，从深圳和广州流出的人才分别占大湾区总流出人才的 48.35% 和 29.37%。但从人才净流入率来看，珠海最高，为 6.07%；其

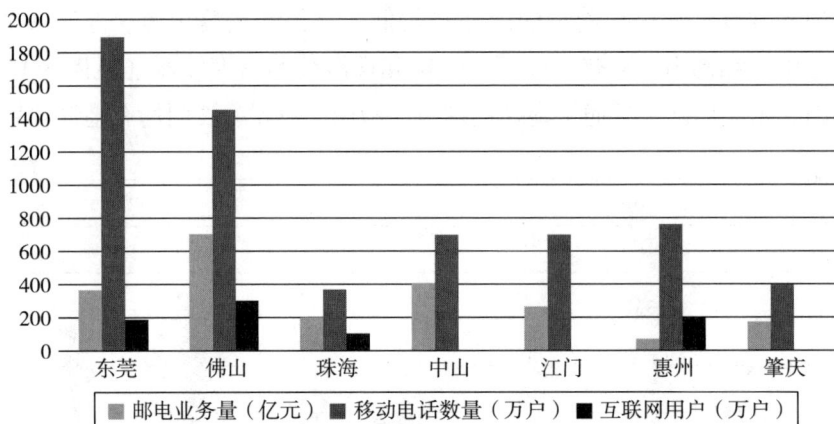

图 4.13　2018 年珠三角七城市信息基础设施水平

次是中山和佛山；广州和深圳分别只有 1.36% 和 0.78%。[1]

（2）对外贸易与投资。2018 年，在珠三角其他城市的进出口总额排名中，东莞为 13418.7 亿元，遥遥领先，2019 年增长 2.8%；处于第二梯队的城市包括佛山、惠州、珠海和中山；江门和肇庆差距较大（见图 4.14）。从实际使用外商直接投资金额看，截至 2019 年末，惠州有 447.82 亿元，珠海 168.95 亿元，大幅领先其他城市。其后依次是东莞 88.03 亿元、江门 57.36 亿元、佛山 51.13 亿元、中山 38.47 亿元、肇庆 9.41 亿元。

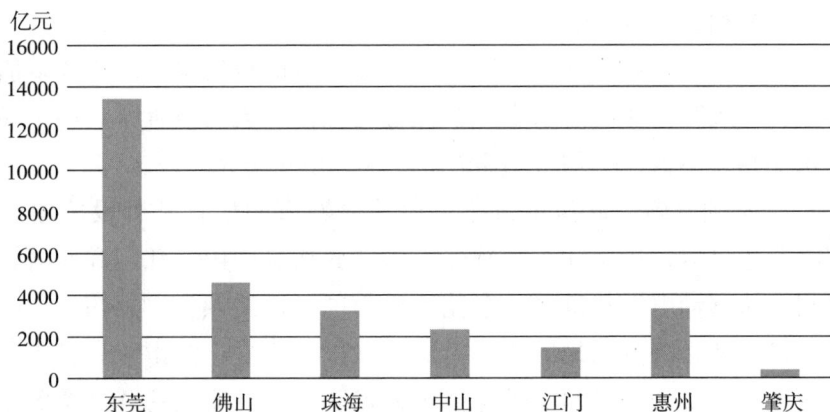

图 4.14　2019 年珠三角七城市进出口总额

（3）创新创业。2017 年 12 月 27 日，中国科技部确定了 639 家众创空间为国家备案众创空间，并纳入国家级科技企业孵化器管理服务体系。国家级众创空间

---

[1]　智联招聘基于平台大数据，采集 2019 年 1 月 1 日至 3 月 15 日全平台上粤港澳大湾区 11 个城市有关的企业招聘和简历投递等信息而得。

能发挥示范带头作用，对各城市的创新创业环境的提升作用极其明显。根据公布的名单，珠三角其他城市均有入围，其中珠海和佛山各有5家国家备案众创空间；东莞和中山各有4家；肇庆有2家；惠州和江门各有1家。2018年，珠三角各城市继续推进国家级和省级众创空间的建设，成绩显著。

4. 生活环境。得益于珠三角区域的整体经济强大与贫富相对均衡，珠三角其他城市的居民生活水平普遍较高。从人均可支配收入与人均消费支出看，东莞、佛山、珠海、中山四个城市的数据非常接近；惠州、江门和肇庆三个城市有一定差距（见图4.15）。此外，这些城市的社保覆盖率、医疗和养老设施、社会福利、文化生活等方面建设均较为完善，此处不再赘述。

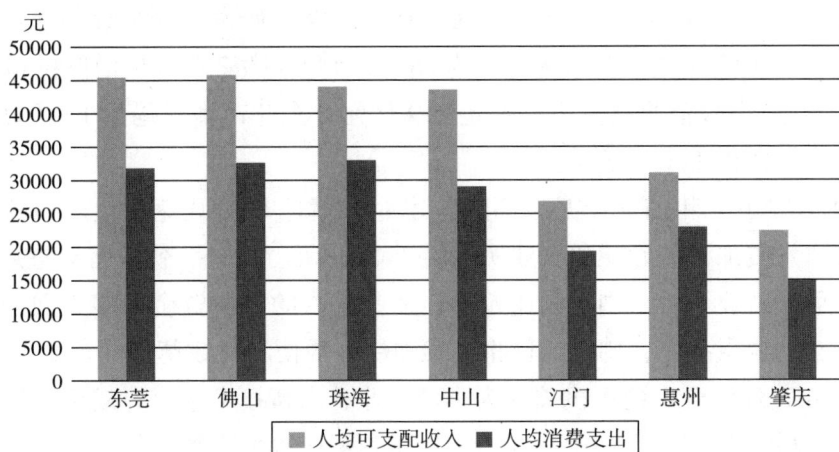

图4.15　2018年珠三角七城市居民收入与消费支出

5. 政策和监管环境。东莞近年来大力培育和发展金融业，自2015年7月28日以来，出台了17项重要的金融政策。代表性的有2015年7月28日的《促进金融、科技、产业创新融合发展三年（2015—2017）行动计划》，2017年6月30日的《加快培育发展新兴金融业态推动实体经济发展的实施意见》，2018年4月11日的《东莞市推进普惠金融发展实施方案》等。

受益于广东金融高新区的建设，佛山金融业迅猛发展。近5年来，佛山总共出台30多项重要的金融扶持和规范监管方面的政策。代表性的有2013年5月20日的《佛山市金融业发展规划》，2016年1月5日的《促进金融科技产业融合发展的实施意见》，2016年11月1日的《佛山市金融业发展"十三五"规划》，2017年3月30日的《佛山市高端金融人才引进培育办法（试行）》，2018年9月26日的《关于支持"区块链＋"金融科技产业集聚发展扶持措施实施细则的通知》等。这些政策不仅涉及总体金融发展规划，还涉及具体的金融机构、产品和市场发展的细则，以及金融人才政策，可谓相当全面。

　　珠海毗邻澳门，地理优势明显，横琴自贸区的设立，给予珠海金融创新先行先试的政策优势。从 2015 年开始至今，颁布了多达 32 项金融政策。代表性的有 2015 年 3 月 30 日的《促进科技金融发展的实施意见》，2015 年 7 月 22 日的《促进横琴新区离岸金融业务发展的意见》，2017 年 3 月 24 日的《珠海高新区天使投资扶持办法》，2018 年 12 月 27 日的《珠海市支持金融机构加强对中小微科技型企业融资服务实施细则》等。

　　中山、江门、惠州和肇庆的金融业基础较弱，其中中山的金融扶持和监管政策相对全面，其余三个城市的金融政策相对较少。

　　6. 税收环境。珠三角其他城市都在努力营造良好的税收环境，以吸引更多的企业投资。东莞全面落实小微企业、高新技术企业、研发费用加计扣除等各项税收优惠政策。2017 年，东莞市国税局为 38.42 万户小微企业减免增值税超过 14 亿元，为 12 万户小微企业减免所得税超过 9 亿元；东莞市地税局为 1.47 万户小微企业减免企业所得税 1.1 亿元。

　　佛山仅在 2018 年前 5 个月，高新技术企业就已享受减免企业所得税 9.4 亿元，享受研发费加计扣除减免企业所得税 4.05 亿元。此外，佛山有对重点群体创业就业、创业就业平台、创新创业人才、企业获取的科研资金等多方面的税收优惠措施。在纳税服务上，佛山地税将继续加快办税便利化改革。

　　2017 年，珠海全市税务机关共为小微企业、高新技术企业等减免税款 176.25 亿元，同比增长 27.3%。中山、江门、惠州和肇庆等城市均积极落实税收政策优惠和提供优质纳税服务，不断改善税收环境，营造优良的营商环境。

　　（二）珠三角其他城市金融业发展状况

　　1. 金融机构发展。东莞已经形成了传统金融机构和新兴金融业态共同发展的多层次金融机构体系。截至 2018 年末，全市各类金融机构 154 家，其中银行类机构 43 家（含 1 家代表处，1 家法人信托机构，3 家独立挂牌信用卡中心），保险类机构 64 家，证券公司总部 1 家，信托公司总部 1 家，证券期货类机构 47 家。

　　佛山金融机构以传统银行机构为主导，类金融机构发展迅速。截至 2017 年 7 月，佛山全市拥有各类金融机构 231 家，其中商业银行总行 8 家；小额贷款、融资租赁等类金融机构超过 700 家。经过十年的建设和发展，广东金融高新区核心区已吸纳了 5 万名金融白领人才就业。

　　截至 2018 年末，珠海有商业银行总行 5 家，银行机构 51 家；基金管理公司 3 家；证券营业部 59 家；证券公司分公司 4 家；期货公司 3 家；保险公司总部 2 家，各类保险营业机构 144 个（含网点）。此外，作为广东省三大自贸区之一的珠海横琴，经过七年努力，已有银行、证券、保险、公募基金、私募投资基金、融资租赁、保理、小额贷款等 20 种细分金融类企业，构建起传统金融机构和新兴金融业态共同发展的多层次金融服务组织体系。

截至 2017 年末，中山全市共有证券营业部 51 家；期货营业部 1 家；各类保险公司 57 家。江门、惠州和肇庆的传统金融机构发展相对完善，网点覆盖面较大，但新兴金融机构仍处于初级发展阶段。

2. 金融市场交易量。2018 年，从金融机构本外币存款和贷款余额看，佛山占据第一位，东莞紧随其后，接着依次是珠海、惠州、中山，最后是江门和肇庆。从股票总成交金额看，东莞遥遥领先，佛山、珠海和中山的股票成交额也较大。从保险机构保费收入看，同样是东莞和佛山优势巨大，中山、惠州、江门和珠海居中，肇庆最后（见图 4.16）。

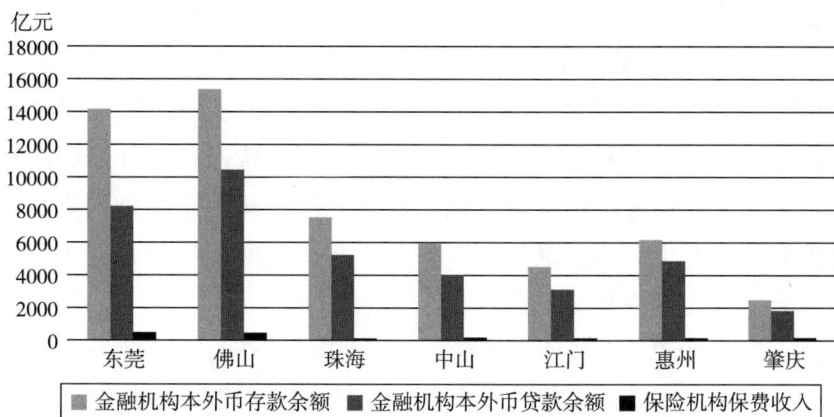

图 4.16 2018 年珠三角七城市金融市场交易量

3. 金融基础设施建设。金融基础设施建设的基础是支付结算渠道的建设，包括物理渠道以及网络支付渠道，前者包括金融机构物理网点、ATM、POS 机等线下方式；后者主要是通过电脑、手机等终端进行的在线支付。珠三角其他城市的金融基础设施建设情况很难找到公开、准确、可对比的数据，此处只能做简单的定性分析。一般来讲，金融机构数量越多，金融市场交易量越大，金融基础设施建设通常越完善。因此，结合珠三角各城市的金融发展数据，可粗略预测东莞、佛山、珠海的金融基础设施建设相对完善；中山、江门、惠州、肇庆相对较弱。

4. 金融业人力资本。东莞不仅传统金融机构发展较完善，近几年也出现了很多新兴金融机构。金融从业人员的数量增长迅速，截至 2017 年末金融从业人员总数为 9 万人。随着新兴金融机构的快速集聚发展，东莞金融从业人员数量有望继续增长。

截至 2017 年末，佛山全市金融机构从业人员约 9 万人。佛山的金融人才数量虽然较充足，但人才结构和质量不够合理。为了适应产业金融中心城市的发展定位需求，佛山有望继续引进金融高级管理人才。

截至 2017 年末，珠海金融从业人员约 4 万人。随着珠海横琴的开发，新兴金融企业增长迅猛，预计金融从业人员会有较大幅度的增加。中山、江门、惠州和肇庆的金融产业相对较弱，金融从业人员较少，而且大多集中在传统金融机构，特别是银行和保险机构当中。

5. 金融科技运用。新兴的金融科技企业和互联网金融企业具有明显的集聚效应，广东省内，云计算、大数据、区块链和人工智能的金融科技公司大多数都集中在深圳和广州。就连东莞、佛山、珠海等金融产业相对成熟的城市，金融科技公司数量都不多，更不用说其他城市了。珠三角其他城市以制造业为主，政府当前更多关注科技金融，即科技产业与金融产业的融合。但核心是科技产业，政府希望借助金融的力量推动科技产业的发展。如东莞 2015 年出台的《促进金融、科技、产业创新融合发展三年（2015—2017）行动计划》；佛山 2016 年出台的《促进金融科技产业融合发展的实施意见》；珠海 2015 年出台的《促进科技金融发展的实施意见》等。但在这些城市的金融机构中，普遍已经开始金融科技如大数据、云计算、人工智能等的初步应用。新兴金融机构由于物理网点少，竞争压力大，普遍有更强动机应用金融科技。因此，新兴金融机构数量较多的东莞、佛山、珠海，金融科技运用将会更普遍。

6. 金融业发展绩效。金融业发展绩效有较多衡量指标，比如，金融业增加值占地区生产总值的比重、金融业劳动生产率、金融服务可得性、金融业风险控制等。由于有较多方面的数据缺失，从可比性角度来看，此部分仅比较金融业增加值以及与地区生产总值的比重。从金融业增加值看，佛山和东莞领先优势较大，其后依次是珠海、中山、江门、惠州和肇庆。从金融业增加值占地区生产总值的比重看，珠海最高达 6.8%；东莞、佛山、中山、江门紧随其后；惠州和肇庆差距较大（见图 4.17）。

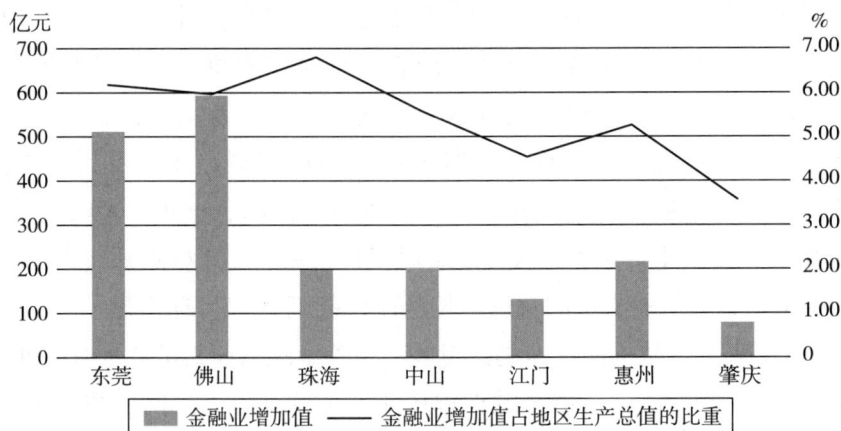

图 4.17　2018 年珠三角七城市金融业发展绩效

（三）珠三角其他城市科技创新发展状况

1. 科技创新资源。截至 2018 年末，东莞全市各级重点实验室和工程技术研究中心累计总数达 600 家，其中国家级 2 家，省级 396 家，市级 202 家；省市级新型研发机构累计总数达 58 家，其中省级 25 家，市级 33 家；省级创新科研团队总数达 36 个；科技企业孵化载体 111 家，其中国家级 15 家；众创空间 74 家。

佛山新签约 2 名全职院士，取得零的突破。佛山共有各级工程中心 2630 家，其中省级工程中心 737 家，市级工程中心 1016 家。

珠海全市拥有国家级工程研究中心 4 家，省级 246 家；已建立国家级企业技术研究中心 5 个、省级 94 个、市级重点企业技术中心 341 个。拥有广东省战略性新兴产业基地 5 个。

中山全市共有市级以上科技企业孵化器及众创空间 65 家，其中，国家级孵化器 5 家，国家级众创空间 5 家，省级国际众创空间 2 家，省级孵化器 11 家，省级众创空间 10 家。省级工程中心累计达 325 家。全市拥有市级以上创新科研团队 38 个，院士工作站 8 家，国家级创新平台（及分支机构）11 家，市级协同创新中心 27 家。

江门全市拥有各类专业技术人数 20.12 万人，增长 3.6%。截至 2018 年 6 月底，惠州全市已建成众创空间 30 家、科技企业孵化器 32 家。肇庆拥有国家级创新平台 6 家；省级创新平台 190 家。省级创新平台总数达到 196 家。

2. 相关产业发展。珠三角其他城市制造业非常发达，企业技术创新层出不穷。从国家高新技术企业数量上看，2018 年，东莞高达 5798 家；其后是佛山3949 家、中山 2300 家和珠海 2053 家；惠州和江门分别有 794 家和 741 家；肇庆只有 288 家。

从各城市公布的 2018 年规模以上先进制造业增加值看，东莞达 2043.77 亿元，佛山 1942.17 亿元，两城市构成第一梯队；惠州 1222.62 亿元，珠海、中山、江门相对接近；肇庆相对较少。从高技术制造业增加值看，东莞为 1520.62 亿元，遥遥领先；其次是惠州、佛山、珠海、中山；江门为 117.61 亿元，肇庆只有62.25 亿元（见图 4.18）。

3. 科技创新绩效。2019 年，东莞和佛山的发明专利申请量和授权量均大幅领先于其他城市。东莞全市发明专利申请量为 20290 件，比上年下降 17.8%；发明专利授权量为 8006 件，增长 19.2%；PCT 国际专利申请量为 3268 件，增长21.1%，数量排全省第 2 位。佛山全年发明专利申请量 16887 件，授权量 4582 件。

珠海稳居第三，全年申请发明专利 14251 件，增长 8%；发明专利授权量3327 件，下降 4%；PCT 国际专利申请量 561 件，同比下降 19.0%。

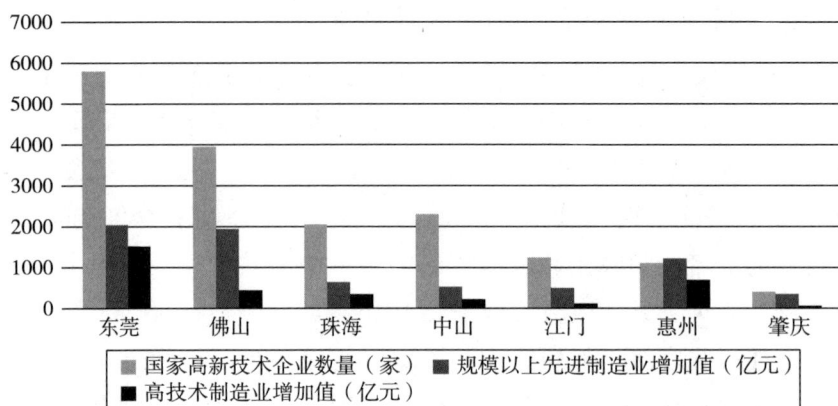

图 4.18　2018 年珠三角七城市相关产业发展

其他城市中，截至 2019 年末，中山全市发明专利申请量 7808 件，下降 4.4%。江门全年发明专利申请量 3055 件；发明专利授权量 647 件。截至 2018 年末，惠州全市发明专利申请量 5222 件；发明专利授权 1445 件。肇庆全年申请发明专利 2146 件；发明专利授权量 294 件；PCT 国际专利申请量 38 件（见图 4.19）。

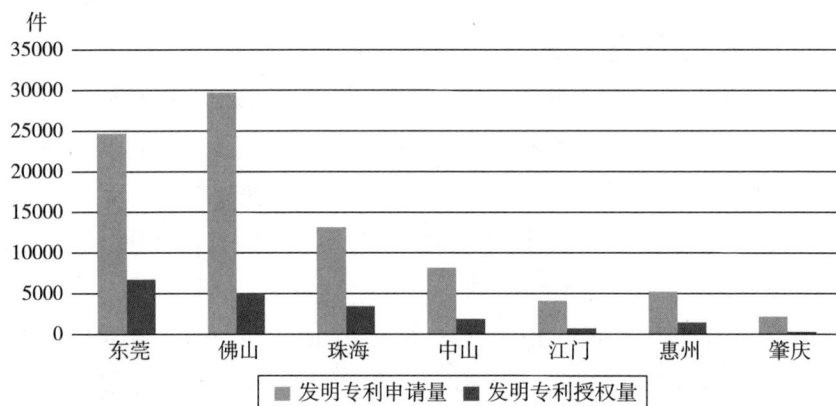

图 4.19　2018 年珠三角七城市发明专利申请量与授权量

第二节　港澳地区金融科技发展

一、香港金融科技发展

（一）香港金融科技发展环境

1. 经济实力。2014—2018 年，香港经济总量持续增长，人均地区生产总值稳步增加。2014 年，香港地区生产总值为 2914.59 亿美元，人均地区生产总值为 4.03 万美元。2018 年香港地区生产总值为 3629.93 亿美元，同比增长 3%，人均地区生产总值高达 4.87 万美元。2019 年香港地区生产总值总量为 3583.06 亿美元，人均地区生产总值为 4.75 万美元，均较 2018 年呈现小幅下滑（见图 4.20）。

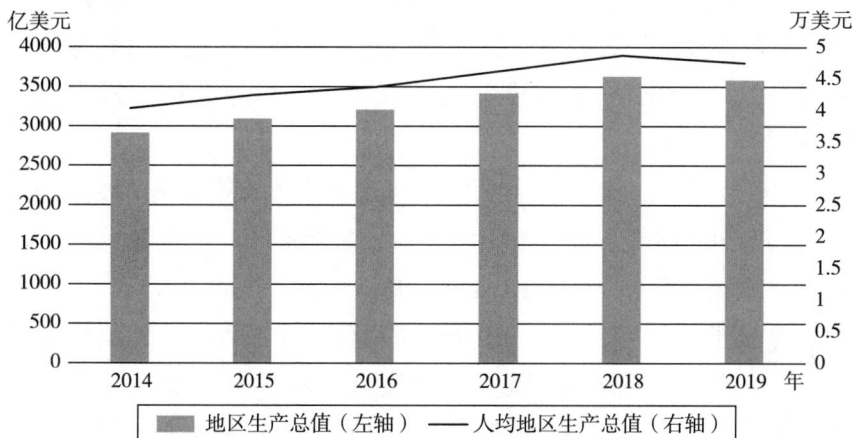

图 4.20　香港地区生产总值和人均地区生产总值水平

2. 基础设施

（1）基础设施投资。香港的基础设施发达、高效，是保持香港全球经济竞争力的重要基础。截至 2018 年末，香港已开通地铁 11 条，在建线路有 2 条，总里程 264 公里。2018 年，香港机场客运量达 7470 万人次，飞机起降量逾 42.77 万架次，货运总量增至 510 万公吨，同比分别上涨 2.5%、1.7% 及 1.5%。当前，广深港高铁香港段和港珠澳大桥已正式通车，香港机场第三跑道正在建设。未来十年，香港特区政府在基建方面的总投资将超过 1 万亿港元。

（2）写字楼面积及租用成本。截至 2017 年底，香港私人写字楼的总存量约为 1183.82 万平方米，其中甲级写字楼占 64%。随着香港特区政府的"起动九龙东"计划，预计有 60 万平方米的甲级写字楼空间将在 2017—2020 年释出。2018 年，香港中环的甲级写字楼平均净有效呎租达 146 港元；香港九龙东的平均净有效呎租达 35.5 港元，仅约为中环写字楼租金的四分之一。

（3）信息基础设施。香港是全球智能手机普及率最高的市场之一。截至 2017 年末，香港的移动电话有 1705.28 万部，智能手机用户占香港总人口的比重超过 70%。宽带网络几乎覆盖了所有的商业和住宅楼，其中家庭宽带的渗透率超过 90%。香港拥有全世界最快的网速（平均最高网速约为 73.9 Mbps），电信资费是全世界最低的。截至 2018 年末，香港已拥有 11 个区域和跨太平洋海底电缆系统，以及 200 多家在香港获得许可的互联网服务供应商。

3. 城市开放度

（1）人才流动。香港人才流动非常频繁和自由，不仅有大量香港人流出到全球，同时也吸引全球的优秀人才到香港。2018年5月8日，香港特区政府宣布推出一项为期3年的"科技人才入境计划"，旨在通过快速处理入境安排，为香港特区科技公司（机构）输入海外和内地科技人才。主要为生物科技、人工智能、网络安全、机械人技术、数据分析、金融科技及材料科学的高端领域。该计划于2018年6月开始接受申请，首年度配额为1000个，每家公司（机构）每年最多可获配额100个。

（2）对外贸易与投资。2018年，香港地区的货物贸易进出口总额为11967.6亿美元，比上年同期增长5%。就2018年外国直接投资流入量来看，中国香港为1120亿美元，仅次于美国、中国内地和英国，位居全球第4。

（3）创新创业。2018年初，香港特区政府新增500亿港元预算支持科技创新发展；4月，港股IPO新政落地，开始施行"同股不同权"政策，并降低生物科技类公司IPO门槛，意图将科技打造为港股的新标签；5月，香港科创局又推出"科技人才入境计划"，吸引从事生物科技、人工智能、网络安全、机器人、数据分析、金融科技和材料科学的人才，为其提供香港工作签证。截至2018年11月，香港初创公司数量为2625家，比2017年增长18%，主要业务范畴包括金融科技、电子商贸、供应链管理及物流科技、专业或咨询服务、信息科技及服务等；创造的就业职位大幅飙升51%至9548个，超过1/3的创办人来自香港以外的地区。

4. 生活环境。2017年，香港人均年收入为3.25万美元，是纽约的63%，全球排名第15位。2018年，香港本地居民总收入较2017年上升7.5%。香港的医疗、教育、养老、文化、娱乐等设施都非常完善。此外，香港还是真正意义上的生态城市，林地草地等生态保护区占71.3%，农业占4.6%，建成区面积仅占整个面积的24.1%。

5. 政策和监管环境。香港是实行混业经营、分业监管的地区。香港金融管理制度的最大特点是以法治为中心，即以法律为根本手段，致力于为金融业发展提供一个有利的环境。香港政府对金融业运作的监管，主要是通过银行、证券、期货和保险方面的专门法律条例和监管机构来进行。主要监管机构包括香港金融管理局（金管局）、证券及期货事务监察委员会（证监会）、保险业监管局（保监局）及强制性公积金计划管理局（积金局），分别负责监管银行业、证券业和期货业、保险业和退休计划的业务。

香港金融管理局于2016年9月推出金融科技监管沙盒。截至2019年8月底，共有74项新科技产品使用沙盒进行试行，其中已完成36项试行，有关产品亦已于其后推出。2017年9月，保监局推出保险科技沙盒。

6. 税收环境。从税收环境来看，香港实行属地征收原则，其税制以简单、低税率著称。最主要的直接税是仅对三项分类所得征收的所得税，这三项分类所得是薪金、利得和租金收入，不包括资本利得、利息和投资分红。适用于个人的标准税率和适用于非公司实体的利得税税率均为15%，公司利得税税率则为16.5%。在香港，投资者可享受简便、高效的公司设立程序，以及公平、有效的税收征管和争议解决服务。

（二）香港金融业发展状况

1. 金融机构发展。香港地区金融机构林立，是许多世界级金融机构的亚太区总部。截至2019年3月末，香港金融管理局认可的银行业机构共191家，其中持牌银行、有限制持牌银行和接受存款公司分别有155家、19家和17家。

香港保险业高度发达，保险深度与保险密度居世界前列。截至2019年第三季度，香港共计拥有授权保险公司162家，保险代理商2395家，保险代理人多达73277万人；保险公司中91家经营一般业务，50家经营长期业务，综合保险公司21家，外资寿险公司占据主导地位。截至2019年末，香港券商已达500多家，极大地带动了港股交易以及企业IPO的活跃度。

2. 金融市场交易量。2018年，香港股票交易所新增上市公司207家，上市公司共2315家，总市值299094亿港元。港交所夺得2018年全球IPO桂冠，首次公开招股（IPO）集资金额为2865亿港元；年内毛保费总额达到5145亿港元，较2017年上升5.2%。截至2018年底，香港银行体系人民币存款（含未偿还存款证）总额为6577亿元，贷款余额为1056亿元。2018年经香港银行处理的人民币贸易结算总额为42062亿元，人民币债券发行额为419亿元。

3. 金融基础设施建设。香港高度重视金融市场基础设施的发展，成立了由证券及期货事务监察委员会（证监会）、财经事务局、金融管理局、联合交易所、期货交易所、中央结算公司、市场从业人员等组成的金融基础设施督导委员会。目前香港具有稳健的金融基础设施，提供跨币种、多层次的服务平台，覆盖银行、股票及债券等多种不同的资金融通渠道，符合最高的国际标准，契合香港经济发展的需要，巩固香港作为区内资金及证券支付结算中心的地位。

4. 金融业人力资本。截至2018年末，香港金融服务业从业人数约25万人，对香港生产总值（GDP）直接贡献17.6%。香港金融业的岗位十分多元化，单是金融服务业所产生的税收，已经高达400亿元，从业员的人均生产总值，是整体经济平均值的2.5倍。从业人员的人数统计中，银行业约占当中的42%，保险业次之，达 25%。随后为证券业约占 1 成，基金管理及投资顾问服务业则占 7%。[①]

5. 金融科技运用。香港投资推广署下辖的金融科技专责小组负责对外推广，并为内地和海外金融科技公司在香港扩展提供一站式服务。自 2016 年 9 月成立以来，为超过 310 家金融科技公司提供协助，并成功吸引 19 家金融科技公司落户香港。

香港当前的金融科技运用主要为金融机构和科技公司合作推动，根据香港金融科技监管沙盒使用情况统计，主要涉及生物认证、软令牌、人工智能、分布式分类账和其他技术，运用在包括移动支付工具、快速支付系统、跨境电商支付、证券支付结算、网络融资平台、供应链金融、区块链贸易融资、财富科技、资管领域、保险科技等领域（见表 4.4）。

表 4.4　　　　　　　　　香港金融科技监管沙盒使用情况

涉及技术	试行数目（个）
生物认证	8
软令牌	4
聊天机器人	3
分布式分类账技术	5
应用程序介面	8
金融监管和合规科技	20
优化手机应用程序	9
其他	17
总数	74

资料来源：香港金融管理局，以上数据截至 2019 年 8 月底。

6. 金融业发展绩效。香港是世界级全球金融中心，在全球金融中心指数中排名第 3 位。金融服务业是香港经济最重要的组成部分，其增加值平均保持在香港地区生产总值总量的 20% 左右。其中，银行业遥遥领先，达到 61%；保险业居次席，约占 18%；基金管理及投资顾问服务业占 9%；证券业占 7%。金融服务业占香港地区生产总值的比重从 1997 年的约 10% 上升至 2016 年的 17.7%。

（三）香港科技创新发展状况

1. 科技创新资源。香港拥有众多一流人才、科研机构和科研成果。截至 2015 年，香港 R&D 人员总数超过 28000 人，每百万人 R&D 人员达到 3940 人，构成了

[①]　香港金融发展局于 2015 年 1 月发表的《发展香港金融服务业人力资源》报告。

香港科研的人才竞争力。在 2017 年全球科技创新中心排名中，香港居第 18 位，高于上海的第 39 位和深圳的第 55 位。[①]

香港创新及科技局自 2015 年成立以来，为创新及科技发展提供多项支持，科创氛围显著提升。许多世界顶级科研机构相继在香港落户。目前，国家重点研发计划对香港 16 个国家重点实验室港澳伙伴实验室直接给予支持，并在试点基础上，对国家科技计划直接资助港澳科研活动作出了总体制度安排。香港特区政府表示，允许香港的大学及科研机构申请中央财政科技计划项目，并在香港使用有关资助，这是内地与香港科研合作的重大突破。

2. 相关产业发展。近年来，香港特区政府推动科创产业已初见成效。香港特区政府投资推广署公布的统计调查显示，2019 年香港初创企业数目为 3184 家，超过 40 个孵化器和共用工作空间。初创企业生态环境的增长排在全球前五位，许多私营机构和投资平台也大力支持配合科技创新。自 2012 年以来，香港每年都有数十家企业参与到人工智能或金融科技（FinTech）领域的创业大潮中。香港特区政府财政司司长陈茂波表示，截至 2019 年末，有超过 600 家金融科技初创企业在香港运营，技术研究和应用范围包括移动支付、P2P 金融平台、财富管理、分布式总账、云计算和数据分析、网络安全和生物识别技术、基于区块链的数字身份管理、电子商贸、保险科技等，2014 年至 2018 年在金融科技范畴筹募资金逾 11 亿美元。数码港作为香港金融科技的大本营，已汇聚超过 250 家金融科技公司，专注于区块链、网络安全、人工智能、大数据和程式交易等应用研发，是香港最大的金融科技社群。

3. 科技创新绩效。2016 年，香港专利申请数量约 1.4 万件，只有深圳的 1/10。但在专利申请方向上，香港相对均衡，尤其在物理、化学、生物等基础学科领域，香港表现较为突出。香港的科研基础虽强，商业转化能力却较弱。

二、澳门金融科技发展

（一）澳门金融科技发展环境

1. 经济实力。2014 年，澳门本地生产总值高达 553 亿美元，人均地区生产总值为 9.3 万美元。2015 年，受博彩旅游服务出口显著下跌的影响，澳门经济出现明显下滑。2016 年之后，澳门经济重新实现持续增长，人均地区生产总值也开始回升。2018 年，澳门地区生产总值为 545.45 亿美元，全年经济增长率约为 4.7%，人均地区生产总值为 8.64 万美元。2019 年，澳门地区生产总值与人均地

[①] 2018 年 4 月 19 日，第六届中国（上海）国际技术进出口交易会，在开幕论坛上发布的《2017 全球科技创新中心评估报告》。

区生产总值持续小幅提升，分别达到 591.24 亿美元与 9.25 万美元（见图 4.21）。

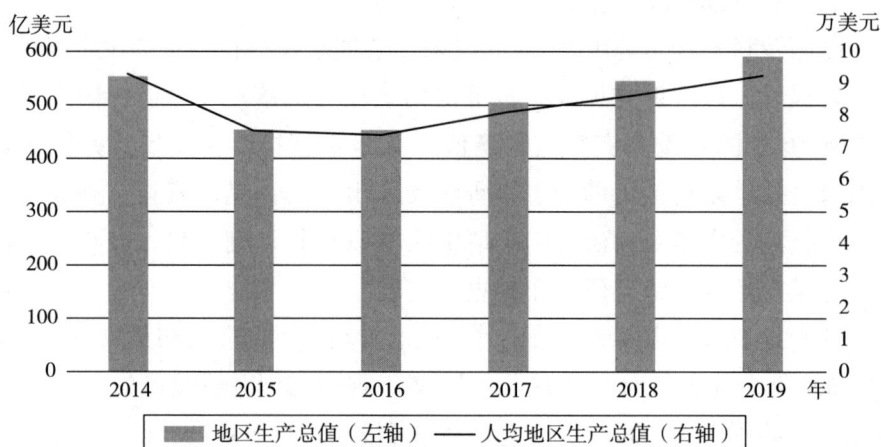

图 4.21　2014—2019 年澳门地区生产总值和人均地区生产总值水平

2. 基础设施

（1）基础设施投资。澳门基础设施较为老化，道路、电力、通信、供水等基础设施领域都需要大力投资和改善。2018 年澳门机场全年旅客运输量突破 826 万人次，同比增长 15%。2018 年贯通的港珠澳大桥，以及正在建设的澳门轻轨铁路将极大地改善澳门的基础设施状况。

（2）写字楼面积及租用成本。澳门甲级写字楼存量有限，随着港珠澳大桥的建成及澳门路氹城多个大型娱乐项目发展，澳门将吸引更多区域及跨国公司来澳找寻商机，预计澳门写字楼市场需求将持续增加。2017 年，皇朝区租金普遍每月约 20 澳门元/呎，即每月约 170 元人民币/平方米。南湾区甲级写字楼或楼龄较新的呎租约 34 澳门元/呎，即每月约 293 元人民币/平方米。

（3）信息基础设施。2017 年，澳门移动电话共有 74.33 万部，人均拥有量为 1.14 部。截至 2018 年末，使用手提电话人数按年上升 2.9% 至 577300 人，手提电话普及率为 91.7%。澳门使用互联网的住户共 17.54 万户，占住户总数的 90.2%；使用光纤宽带上网的住户为 11.75 万户，占有使用互联网住户总数的 67%。2019 年，澳门开展部署 5G 网络前期工作，推动电信营运商完善基础设施建设。

3. 城市开放度

（1）人才流动。澳门没有广东省城市引进全国人才的便利，也没有香港对国际人才的吸引力，人才严重不足。澳门博彩业非常发达，其他新兴产业较为落后，经济结构很不平衡。2017 年 5 月，澳门特区政府制定了"五行业人才需求清单"和"重点领域紧缺人才目录",在政府大力推动和指引下,人才困境有望得到改善。2018年,澳门人力资源市场基本稳定,酒店、餐饮等劳动力强的工种存在一些人力资源短缺问题。

(2)对外贸易与投资。2017年,澳门全年总出口货物价值112.8亿元,同比增长12.3%;总进口货物价值758.5亿元,全年货物贸易逆差645.7亿元。澳门对外投资额规模较小,2017年流入本地的外来直接投资有30.1亿澳门元,按年减少79.9%。澳门企业在境外的直接投资方面,2017年境外投资有13.2亿澳门元。2018年,澳门全年进出口货物价值121.9亿元,按年增长8.1%。

(3)创新创业。澳门工业体系不发达,创新创业活动不够活跃。2017年,澳门特区政府推出了"青年创业援助计划",向澳门青年提供最高30万澳门元的免息贷款。青年创业孵化中心向创业者提供免费临时办公场所,及多项顾问服务。澳门文化产业基金提供无偿资助,包括项目补贴及银行贷款贴息。加上各式培训计划、文创中心及众筹平台,大大优化了青年人的创业环境。2018年澳门成立了青年创业孵化国家级众创空间。

4. 生活环境。2018年澳门就业情况理想,总体失业率为1.8%,比2017年下降0.2个百分点。2019年总体失业率为1.7%。2018年总体就业人口月工作收入中位数为16000澳门元,比2017年增加1000澳门元,2019年上升为17000澳门元。澳门老旧破损居民楼较多,居住环境较差。但澳门有较好的医疗系统;完善的教育体系,实现了十五年免费教育;覆盖全澳门市民的社会保障制度,以及公共房屋发展方针,优先照顾弱势及核心家团。以上措施的推行,营造了澳门居民相对较好的居住生活环境。

5. 政策和监管环境。澳门金融管理局是澳门金融业的监管机构,它的职能是跟踪评估进行创新的发展态势和风险特征,及时界定监管框架,填补监管平台,并探索新的监管要求与监管手段,并有效地防止系统性风险的发生。当前,澳门金融业以传统的银行和保险业为主,监管政策已经非常成熟,监管环境相对简单。澳门金融业发展的目标是发展特色金融,实现与香港、深圳等金融中心的差异化竞争。随着澳门未来新兴金融机构和业务的引进,相关的金融政策和监管预计将逐步出台。

6. 税收环境。澳门以直接税为主体税种,属于实行避税港的地区之一,特点是税种少、税负轻,实施收入来源地税收管辖权原则。从税收结构看,澳门经济长期依赖博彩业。2018年,博彩业占澳门地区生产总值的54.18%,占税收的80%以上。

(二)澳门金融业发展状况

1. 金融机构发展。澳门金融机构主要是传统的银行和保险公司。截至2019年末,澳门共有31家银行,其中总行设于澳门的银行有6家,外地银行之附属银行 6 家，外地银行分行 19 家。澳门有 25 家保险公司，其中人寿保险公司有 12 家，非人寿保险公司有 13 家。另有 2 家其他信用机构；1 家金融公司；9 家获许可的私人退休基金管理实体；1 家证券公司；1 家投资服务公司；2 家支付服务机构；11 家兑换店。2019 年，澳门培育特色金融，完善相关法律法规，推动澳门金融机构拓展融资租赁业务，并争取境外具有实力的融资租赁公司落户澳门，目前已有 2 家融资租赁公司。

2. 金融市场交易量。截至 2019 年底，澳门私人部门贷款总额为 10729.03 亿澳门元，其中本地私人部门贷款为 5180.99 亿澳门元，对外部门贷款为 5548.04 亿澳门元。银行体系的存款总额为 11636.09 亿澳门元，其中居民存款为 6706.55 亿澳门元，非居民存款为 2438.23 亿澳门元，公共部门存款为 2491.31 亿澳门元。截至 2019 年第三季度末，保险公司的毛保费收入 216.90 亿澳门元，其中人寿保险 193.82 亿澳门元；非人寿保险 23.08 亿澳门元。

3. 金融基础设施建设。2016 年 3 月 7 日，28 家金融机构参与的澳门人民币实时支付结算系统正式投入运作，标志着澳门金融基础设施的进一步完善。电子支付成为全球趋势，然而澳门在这方面仍处于起步阶段。截至 2019 年，澳门只有 2 家第三方的支付平台，但普及和使用率明显落后。总的来说，澳门金融基础设施较为不足，但正在逐渐完善。2019 年 12 月 19 日，中国人民银行宣布进一步便利澳门居民个人人民币跨境汇款、批准澳门移动支付工具于内地受理使用以及允许以试点银行方式为居民代理见证开立内地银行账户等便利措施，将进一步推动澳门金融基础设施发展。

4. 金融业人力资本。截至 2018 年第一季度，澳门银行机构从业人员约 5000 人；生效的保险中介人共达 6000 余人；其他类型的从业人员极少。根据澳门人才发展委员会 2016 年的报告，澳门金融业发展前景巨大。澳门银行业人才缺口 231 人，未来 3 年至 6 年预计人才缺口 749 人至 1488 人，岗位类别主要有柜员、信贷业务、客户服务（非现金交易）、系统/程序开发及会计。随着业务逐渐扩展，私人银行和电子银行的岗位对人才需求量增长幅度大。

5. 金融科技运用。当前，澳门金融业主要是银行和保险机构，新兴金融机构很少，金融科技运用处于初级阶段，其推动者主要是传统金融机构。目前，在澳门部分场景可以使用第三方移动支付。2017 年 8 月 4 日，澳门特区政府与阿里巴巴签署《构建智慧城市战略合作框架协议》，将应用阿里云计算和人工智能技术，在各方面展开合作，助力澳门发展为智慧城市。智慧城市的发展目标，有助于澳门金融科技的引入与推广。

6. 金融业发展绩效。澳门金融业主体是银行和保险机构，并且超过 80% 的资产在澳门地区之外。由于缺乏资本市场，澳门金融业并不发达，资产管理行业基本上处于空白。澳门金融机构的经营模式比较传统，电子化程度不高，金融科技运用落后。金融业发展绩效不仅远远落后于香港、深圳和广州，跟毗邻的珠海相比都相差很大。

（三）澳门科技创新发展状况

1. 科技创新资源。澳门工业基础薄弱，科技创新资源严重不足。澳门特区政府于 2004 年成立科技发展基金，2005 年又签署成立内地与澳门科技合作委员会，2010 年更在科技部支持下获批成立中医药和集成电路两个国家重点实验室，把澳门科研提升到另一个层次。2011 年又通过澳门科技奖励规章更好地鼓励和认可科技人员的努力和贡献。2017 年又增补企业创新研发资助鼓励产学研合作加快产业转化等，极大地推动了澳门科技创新发展。

2. 相关产业发展。澳门特区政府一直谋求产业多元化发展，也大力推动科技发展和应用。在国家和澳门特区政府的大力支持下，短短几年澳门科创取得骄人的成绩。当期，澳门在精准癌症治疗、改良 LED 技术、机器翻译、诊断类风湿关节炎 TiO2 - PGC 芯片、机器人等领域都有较强实力。澳门特区政府未来希望增设两个国家级重点实验室，加快科技研发和应用。

3. 科技创新绩效。2017 年，澳门发明专利为 68 件；发明专利延伸 441 件；实用专利 18 件；设计/新型专利 193 件。澳门的科技创新绩效很弱，与大湾区其他城市相比，存在很大差距。

第三节　城市金融科技发展指数构建与分析

一、城市金融科技发展指数构建

（一）指数框架设计

1. 研究现状

（1）德勤全球金融科技中心报告。2017 年 4 月，全球知名咨询机构德勤发布了《连接全球金融科技：2017 年全球金融科技中心报告》（*Connecting Global FinTech：Interim Hub Review* 2017）。该报告从全球营商指数，全球创新指数和全球金融中心指数三个主要业务指标中得出每个金融科技中心的综合得分，得分越低说明该金融科技中心越有利于金融科技的发展。

（2）FHI 与 GFHI 指数。2017 年 10 月 11 日，全国首个覆盖国内主要城市的金融科技中心指数（FHI）在杭州发布。金融科技中心指数由浙江大学互联网金融研究院编制，以金融科技产业、金融科技企业、金融科技生态三个维度，五大金融科技行业、五类金融科技企业、宏观商业基础设施、科研实力、政策与监管环节、社会公众关注等二级指标，以及从企业的数量、市场的体量、资本的供给等39个三级指标构建了FHI金融科技中心指数。2018年6月6日，全球金融科技中心指数（GFHI）在荷兰阿姆斯特丹发布。

（3）零壹财经全球金融科技指数。零壹财经是业内第一家发布全球金融科技指数系列报告和动态报告的机构。指数报告定期（每月/季度/年）发布全球金融科技指数（Global Fintech Index，GFI），旨在揭示全球金融科技投融资和社会认知指数，包括两大一级指数（投融资指数和社会认知指数）和五大二级指数（投融资活跃度指数、投融资成熟度指数、百度搜索指数、谷歌趋势指数和微信搜索指数）；动态报告包括金融科技监管、已上市和拟上市金融科技公司、各大子业态（支付、征信、区块链、网贷、互联网保险和互联网理财等）的动态。

2. 设计思路。在借鉴前文所述的金融科技指标体系构建基础上，课题组认为金融科技指标体系应当包括三个维度：金融科技环境指数、金融业发展指数、科技创新发展指数，这三个维度即构成了一级指标体系（见图4.22）。

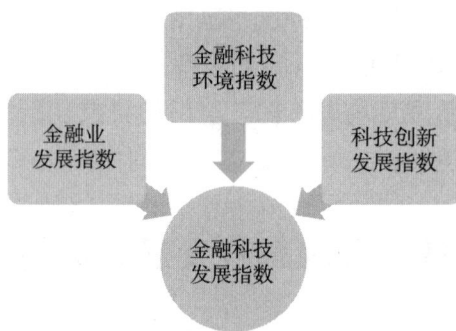

图4.22　金融科技指标体系

（1）金融科技环境指数。良好的金融科技环境，是一个城市金融科技集聚发展的基础条件。总的来说，金融科技是一个资本和技术密集型的产业，必须要有强大的经济实力支撑和高新技术发展的积累才能发展。一个城市的经济实力越强，基础设施建设越完善，城市开放度越高，生活环境越好，政府扶持力度越大，金融监管法规越系统，税收环境越优化，金融科技环境就越好。

（2）金融业发展指数。金融科技的底层技术并不仅仅应用在金融领域，但毫无疑问的是，不能离开金融场景去讨论金融科技。金融科技可以看成是一种解决方案，集科技、客户洞察、金融场景、产品运营等于一体，帮助金融机构适应用户金融消费习惯的新变化，以提升客户体验和业务效率。因此，金融业发展状况直接影响其金融科技发展。一个城市的金融机构体系越发达，金融市场交易量越大，金融基础设施建设越完善，金融业人力资本越丰富，金融科技运用越积极，金融业发展绩效越高，越能推动金融科技的引入、应用和推广。

（3）科技创新发展指数。金融科技的代表技术是大数据、云计算、区块链和人工智能，是真正的高新技术密集型产业，可能对人类经济社会产生广泛而深远的影响。一个城市的科技创新资源越丰富，相关产业发展越完备，科技创新绩效越高，越有可能产生金融科技的底层技术。底层技术一旦产生，如果能实现科技成果转换，应用到金融现实场景中，将大大推动金融科技的发展。

（二）指标体系设计

1. 指标设计。如上所述，金融科技发展指数由三个维度构成，即金融科技环境指数、金融业发展指数和科技创新发展指数。其中金融科技环境指数的衡量指标包括经济实力、基础设施、城市开放度、生活环境、政策和监管环境、税收环境等6个二级指标。金融业发展指数的衡量指标包括金融机构发展、金融市场交易量、金融基础设施建设、金融业人力资本、金融科技运用、金融业发展绩效等6个二级指标。科技创新发展指数的衡量指标包括科技创新资源、相关产业发展、科技创新绩效3个二级指标。每个二级指标又设置若干个三级指标，作为最终加权指数计算的逻辑基础（见表4.5）。

表4.5　　　　　　　　　金融科技发展指数的指标体系

一级指标	二级指标	三级指标
金融科技环境指数	经济实力	地区生产总值与人均地区生产总值
		一般公共预算收入
	基础设施	基础设施投资额
		写字楼面积及租用成本
		信息基础设施建设
	城市开放度	人才流动
		对外贸易和投资
		创新创业
	生活环境	人均可支配收入
		居民生活状况
	政策和监管环境	金融扶持发展政策
		地方金融监管政策
	税收环境	企业和个人所得税税率
		税收服务质量

续表

一级指标	二级指标	三级指标
金融业发展指数	金融机构发展	传统金融机构数
		新兴金融机构数
	金融市场交易量	银行存贷款余额
		证券市场交易量
		保险市场保费收入
	金融基础设施建设	金融机构网点数
		支付结算体系建设
	金融业人力资本	金融业从业人员数
	金融科技运用	金融科技公司数
		金融机构科技运用情况
	金融业发展绩效	金融业增加值占 GDP 比重
		金融业税收占总税收比重
科技创新发展指数	科技创新资源	高层次人才数
		高等教育招生数
		国家级研发中心数
	相关产业发展	高新技术企业数
		初创企业数
	科技创新绩效	发明专利申请量与授权量
		PCT 国际专利申请量

2. 指数结构。金融科技发展指数由金融科技环境指数、金融业发展指数和科技创新发展指数三个分指数加权平均而得。即金融科技发展指数 = W_1 金融科技环境指数 + W_2 金融业发展指数 + W_3 科技创新发展指数，其中 W_i（$i=1,2,3$）为各分指数权重。依此类推，每个一级指标均由二级指标加权平均而得，每个二级指标又由各三级指标加权平均而得。

在金融科技发展指数构建中，对三个维度应该赋予不同的权重。一个城市的发展环境是金融科技产生和发展的最基础因素，金融业是金融科技应用的载体，科技创新是金融科技发展的重要推动力。因此，课题组设定三个一级指标的权重如下：$W_1=0.4$，$W_2=0.3$，$W_3=0.3$。

3. 其他指标赋权。对于三个维度指数中的二级和三级指标，课题组采用专家评分的方法决定二级和三级各指标的权重。整个评分过程由各专家独立完成，每位专家针对具体指标根据重要性由低到高给出 1 分（非常不重要）至 5 分（非常重要），互相之间事先不进行任何形式的讨论或沟通。所有专家组成员打分完毕之后，最终指标 j 的权重 α_j 由以下公式决定：

$$\alpha_j = \frac{\sum_{i=1}^{n} \alpha_{ij}}{\sum_{i=1}^{n} \sum_{j=1}^{m} \alpha_{ij}}$$

其中，i 表示第 i 位专家；j 表示第 j 个指标；α_{ij} 表示第 i 位专家组成员为第 j 个指标的评分；n 为专家组成员总数；m 为评分指标总数。

为了更合理有效地赋值，课题组对所有收集到的原始数据或资料进行了标准化处理。以期获得每个相关指标的标准化得分，分指标与总指标的分值分布均在 $[0，100]$。

二、城市金融科技发展指数分析

（一）总指数排名

根据上述的计算思路和方法，考虑数据的可得性和准确性，课题组基于2018年的数据，对粤港澳大湾区各城市的金融科技发展指数进行了计算，以反映粤港澳大湾区各城市金融科技发展现状。结果表明：深圳总得分高达97.89分、香港93.77分、广州89.65分，这三个城市的得分遥遥领先其他城市，构成了第一梯队。佛山50.66分、东莞48.36分、珠海43.08分，这三个城市构成了第二梯队。中山36.26分、江门29.71分、惠州29.67分、澳门28.90分、肇庆20.15分，这五个城市构成了第三梯队（见图4.23）。

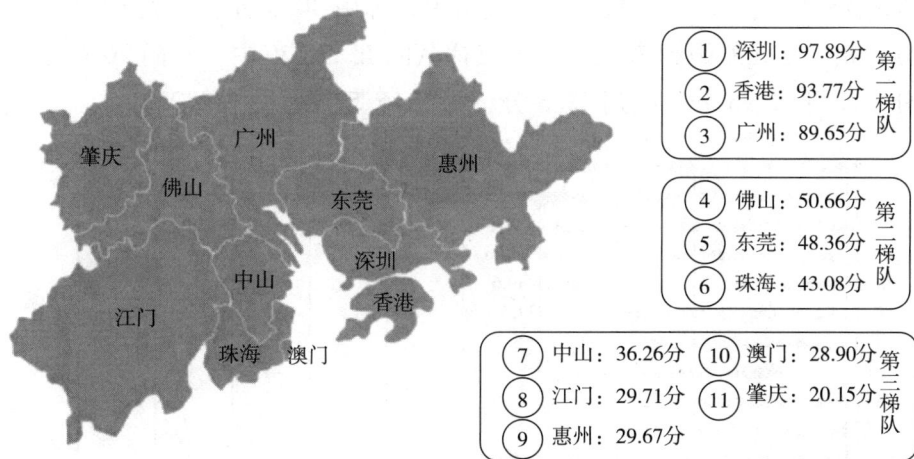

图4.23 大湾区各城市金融科技发展指数总排名

（二）分指数排名

1. 金融科技环境指数排名。在金融科技环境分指标中，计算结果表明：第一梯队的三个城市中，深圳 96 分、香港 95.5 分、广州 92.3 分，相互之间差距不大，但对其他城市的领先优势非常明显。第二梯队的三个城市中，佛山 58.7 分、东莞 54 分、珠海 52.2 分，相互之间差距较小，对第三梯队城市的领先优势也不大。第三梯队的五个城市中，澳门 41.5 分、中山 40.7 分、惠州 36.9 分、江门 36.1 分、肇庆 27.5 分，澳门在此项分指标中的得分相对较高，肇庆的得分落后较多（见图 4.24）。

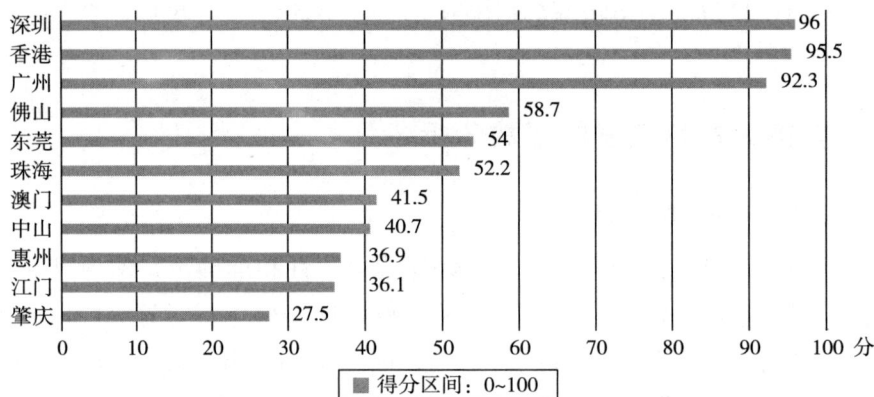

图 4.24　大湾区各城市金融科技环境指数排名

2. 金融业发展指数排名。在金融业发展分指标中，计算结果表明：第一梯队的三个城市中，深圳 98.3 分、香港 93.25 分、广州 88.75 分，深圳相比香港、广州的领先优势较大。第二梯队的三个城市中，佛山 40.6 分、东莞 39.6 分、珠海 37.3 分，相互之间差距越来越小。第三梯队的五个城市中，澳门 26.6 分、中山 26.6 分、江门 22.95 分、惠州 22.3 分、肇庆 16.5 分（见图 4.25）。

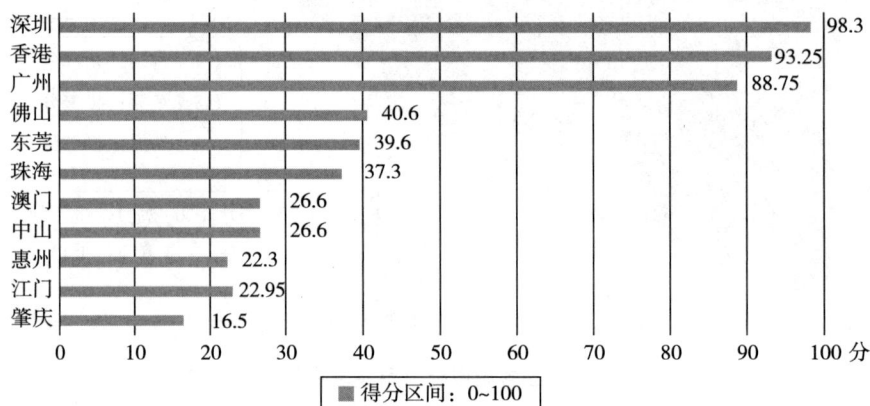

图 4.25　大湾区各城市金融业发展指数排名

3. 科技创新发展指数排名。在科技创新发展分指标中，计算结果表明：第一梯队的三个城市中，深圳 100 分、香港 92.4 分、广州 87.4 分，深圳在科技创新资源、相关产业发展和科技创新绩效三个小项中均排名第一。第二梯队的三个城市中，佛山 50.4 分、东莞 49.6 分、珠海 38.6 分，佛山和东莞非常接近，且与珠海拉出较大差距。第三梯队的五个城市中，中山 40.4 分、江门 29.4 分、惠州 27.8 分、澳门 14.4 分、肇庆 13.6 分，中山在此项得分中相对突出，澳门和肇庆差距较远（见图 4.26）。

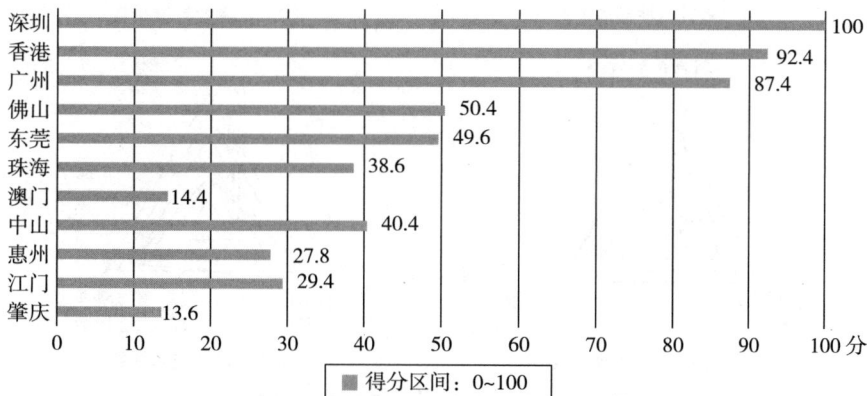

图 4.26　大湾区各城市科技创新发展指数排名

（三）各城市指标结果分析

1. 深圳。在粤港澳大湾区金融科技总指数排名中，深圳位列第一。深圳拥有优良的金融科技发展环境，经济基础雄厚，人才流动和创新创业方面优势明显，政府对金融科技的扶持力度很大。深圳金融业发达，新兴金融机构层出不穷，并涌现了平安、微众银行、招联金融等一大批优秀的金融科技公司。深圳在科技创新方面具有显著优势，创新成为深圳金融科技发展的内在推动力。随着粤港澳大湾区经济一体化的推进，深圳金融科技发展的优势将会更加显著（见图 4.27）。

2. 香港。香港在大湾区金融科技总指数排名中位列第二。在金融科技发展环境方面，香港城市开放度很高，金融扶持和监管法规健全，税制简单且税率较低。香港是国际金融中心，全球无数金融机构区域总部在此聚集，金融生态非常完整，最大的优势在于融资环境。香港的科技创新能力强，但成果转化率不高，研发项目回报期长，因此不是传统资本投资的重点。当前香港是"有金融，没科技"，即拥有一个庞大的金融产业，但金融科技的发展却十分有限。在政府的重视和扶持下，香港金融科技发展速度加快，潜力不容小觑（见图 4.28）。

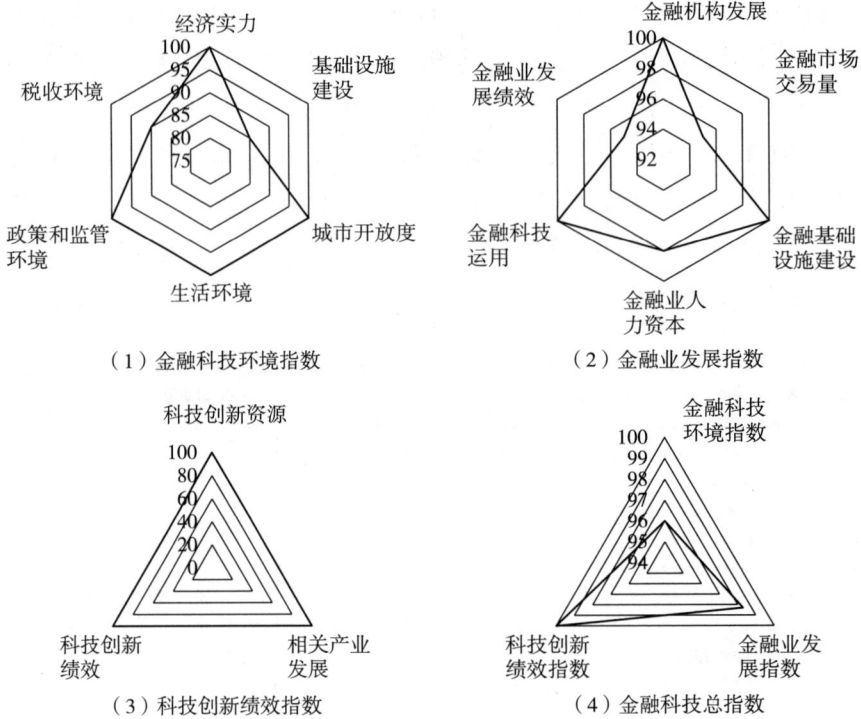

（1）金融科技环境指数

（2）金融业发展指数

（3）科技创新绩效指数

（4）金融科技总指数

图 4.27　深圳金融科技各指数雷达图

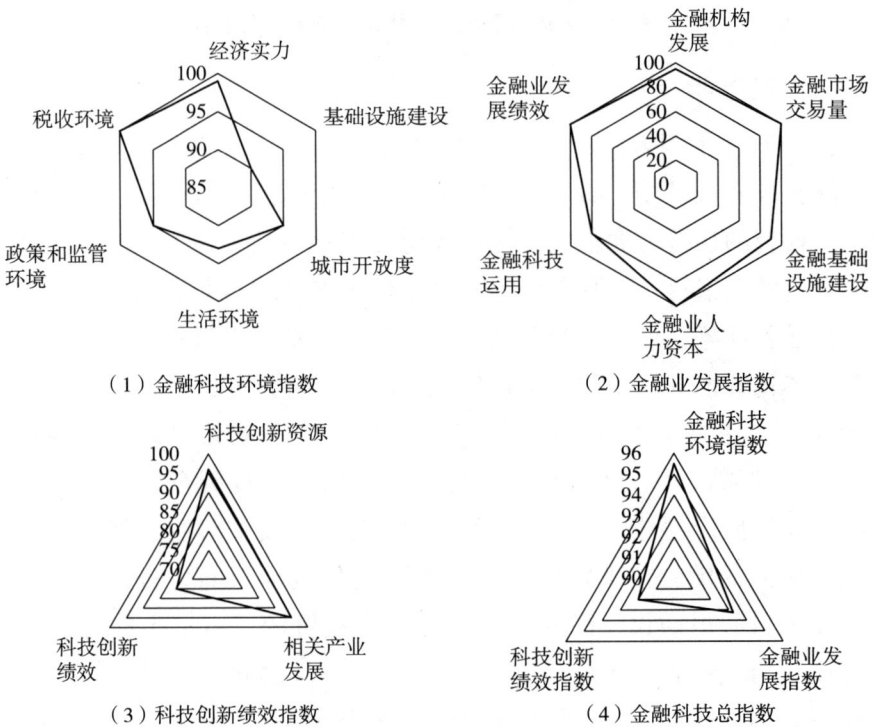

（1）金融科技环境指数

（2）金融业发展指数

（3）科技创新绩效指数

（4）金融科技总指数

图 4.28　香港金融科技各指数雷达图

3. 广州。广州在大湾区金融科技总指数排名中位列第三。作为国家中心城市之一，广州经济实力雄厚，基础设施完善，产业结构优化，为金融科技发展奠定了坚实基础。广州金融业态完整，新兴金融机构涌现，但金融市场交易量和活跃度明显低于深圳和香港，而且缺乏行业领先的金融科技巨头。近年来，广州致力于建设国家创新中心城市和国际科技创新枢纽，政府扶持力度很大，创新创业氛围趋于活跃。广州金融科技发展趋势良好，如能加以引导和扶持，将成为粤港澳大湾区中的重要一极（见图4.29）。

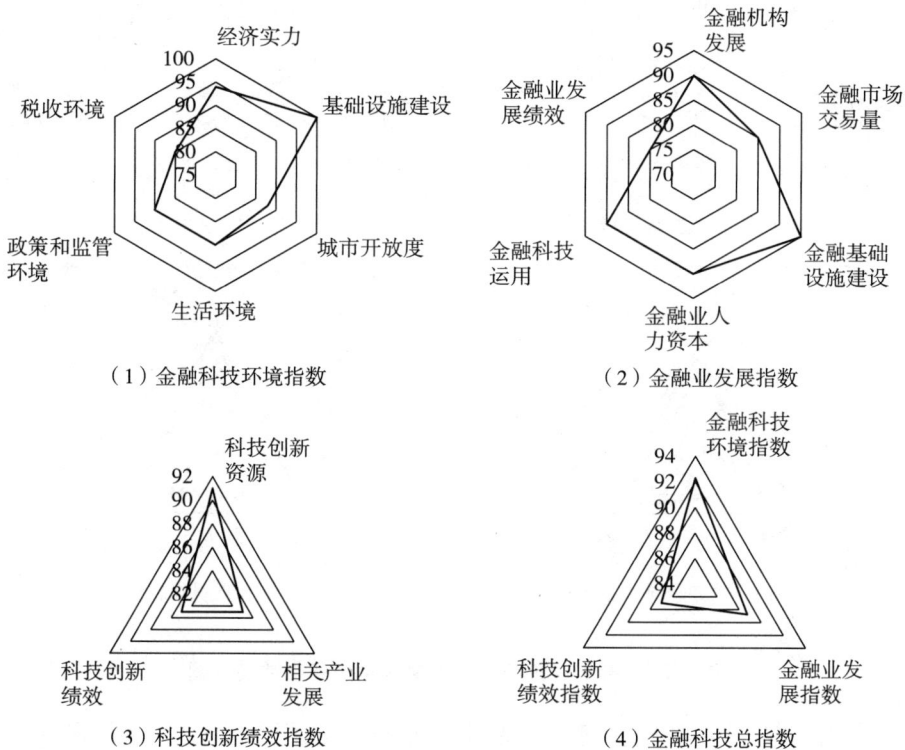

（1）金融科技环境指数　　（2）金融业发展指数

（3）科技创新绩效指数　　（4）金融科技总指数

图4.29　广州金融科技各指数雷达图

4. 佛山、东莞、珠海。佛山、东莞和珠海构成了粤港澳大湾区金融科技发展的第二梯队。东莞和佛山经济实力突出，工业体系非常完善，居民生活水平高，金融业基础扎实，企业科技创新活动踊跃，为金融科技发展提供了必要基础。未来，深莞一体化和广佛一体化的进展可能成为影响东莞和佛山金融科技发展的关键因素。珠海得益于横琴自贸区的建设，新兴金融机构快速集聚，金融业态逐渐完善，金融科技发展提速较快。但珠海的经济实力不够强劲，产业基础较薄弱，金融交易量不高，人力资本较为不足，这些因素可能会制约珠海金融科技的进一步提升。总的来说，第二梯队的三个城市各有优势，但都有一定短板。如能加以引导，协同发展，可以成为粤港澳大湾区金融科技发展的有力补充（见图4.30）。

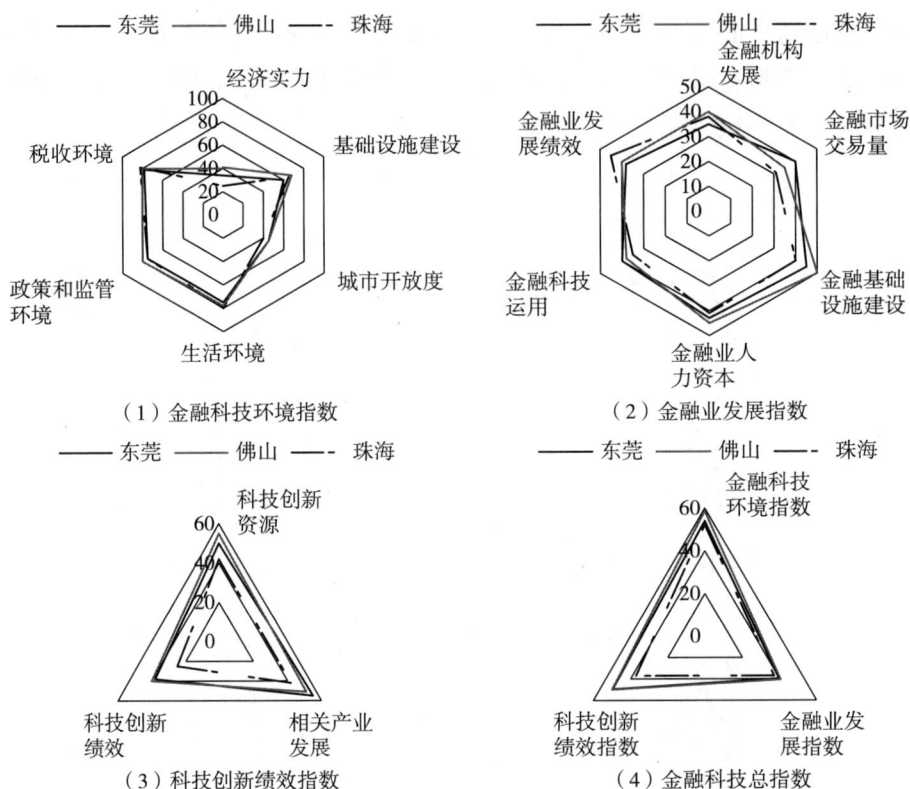

（1）金融科技环境指数

（2）金融业发展指数

（3）科技创新绩效指数

（4）金融科技总指数

图4.30 佛山、东莞、珠海金融科技各指数雷达图

5. 中山、江门、惠州、澳门、肇庆。中山、江门、惠州、澳门和肇庆构成了粤港澳大湾区金融科技发展的第三梯队。中山、江门和惠州三个城市经济实力较强，工业体系较完整，金融业基础较扎实，科技创新能力较强，金融科技发展的基础条件相对较好。澳门面积小，博彩业占比大，金融机构种类单一，科技创新能力弱，金融科技的发展基础较为薄弱。肇庆在各方面的劣势都比较明显，金融科技发展任重道远。总的来说，与粤港澳大湾区的其他城市相比，这五个城市的金融科技发展存在明显劣势。但作为大湾区城市群的组成部分，这些城市的金融科技发展状况也将成为整个大湾区金融科技发展的重要辅助（见图4.31）。

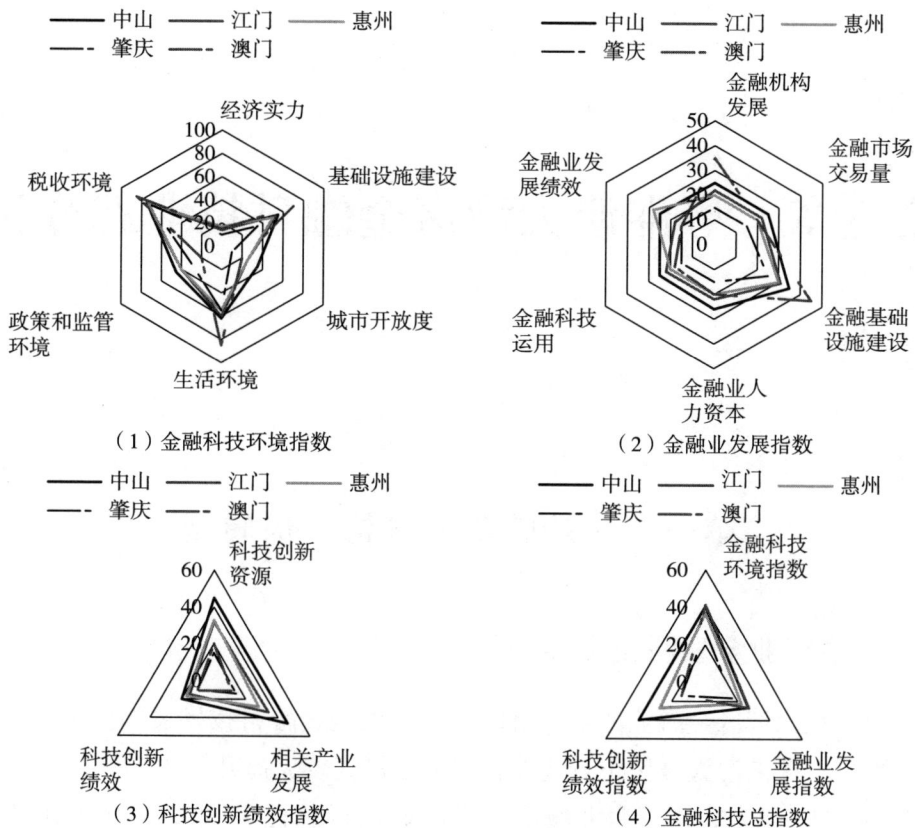

（1）金融科技环境指数

（2）金融业发展指数

（3）科技创新绩效指数

（4）金融科技总指数

图 4.31　中山、江门、惠州、澳门、肇庆金融科技各指数雷达图

第五章　粤港澳大湾区金融科技业态分析

第一节　持牌金融机构积极转型

一、银行业金融科技发展

银行业是大湾区金融业的重要组成部分，也是金融科技发展的主力。经过数十年的发展，粤港澳大湾区银行业综合实力已得到较大提升。

截至 2019 年末，珠三角九城市共有商业银行总行 80 家，其中全国股份制商业银行 3 家，区域性城商行 3 家，农村商业银行总行 20 家，农村信用社联合社 7 家，村镇银行 40 家，外资银行总行 6 家，互联网银行 1 家。按地域划分，广州有商业银行总行 13 家，其中全国股份制商业银行 1 家，区域性城商行 1 家，农村商业银行总行 1 家，农村信用社联合社 1 家，村镇银行 9 家；深圳有商业银行总行 18 家，其中全国股份制商业银行 2 家，农村商业银行总行 1 家，村镇银行 9 家，外资银行总行 5 家，互联网银行 1 家；佛山有商业银行总行 8 家，其中农村商业银行总行 4 家，农村信用社联合社 1 家，村镇银行 3 家；珠海有商业银行总行 5 家，其中区域性城商行 1 家，农村商业银行总行 1 家，村镇银行 2 家，外资银行总行 1 家；惠州有商业银行总行 7 家，其中农村商业银行总行 4 家，村镇银行 3 家；东莞有商业银行总行 8 家，其中城商行与农商行总行各 1 家，村镇银行 6 家；江门有商业银行总行 8 家，农村商业银行 2 家，农村信用社联合社 2 家，村镇银行 4 家；中山有商业银行总行 4 家，农村商业银行 1 家，村镇银行 3 家；肇庆有商业银行总行 9 家，其中农村商业银行 5 家，农村信用社联合社 3 家，村镇银行 1 家。

截至 2019 年 3 月末，香港共有 155 家持牌银行，其中本地银行 25 家，总行设于外地的银行 130 家；此外还有 19 家有限制牌照银行、17 家接受存款公司。在全球排名前 100 位和 500 位的银行中，有 75 家和 163 家在香港营业。2016 年底，香港银行业总资产为 20.65 万亿港元，存款总额为 11.73 万亿港元，中资银行在香港银行业的市场份额不断上升。2018 年 5 月，香港金融管理局公布了重新修订后的《虚拟银行的认可指引》，鼓励各类机构在香港设立虚拟银行，2019 年 3 月至 7 月，共批出 8 张虚拟银行牌照。

截至 2019 年末，澳门共有 31 家银行，其中本地银行 12 家，总行设于外地的银行 19 家，年末澳门银行总资产为 20151.60 亿澳门元，资本充足率为 14.24%。总行设于内地的内资银行有 5 家，包括中国银行、中国建设银行、中国农业银行、交通银行以及总行位于大湾区的广发银行；内资银行在澳门银行业具有规模优势（见图 5.1）。

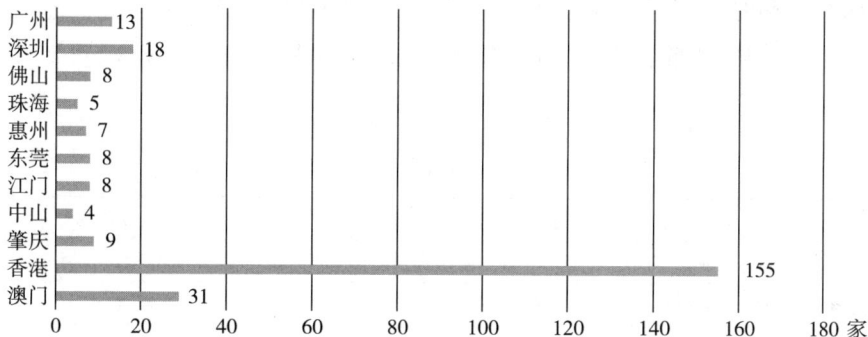

图 5.1　2019 年粤港澳大湾区商业银行数量

（资料来源：课题组整理）

目前，汇丰银行、东亚银行等十多家香港银行在大湾区设立分行和异地支行，澳门大西洋银行已在珠海横琴设立分支机构。

（一）受互联网金融冲击最大，科技转型最为坚决

在金融业各子行业中，银行受互联网金融冲击最大。银行提供的主要金融服务包括支付转账，吸收存款和放出贷款。非银行支付机构在零售支付市场的异军突起，一定程度上正在冲击银行业金融机构支付市场的主导地位。在目前发展最快的移动支付上，第三方支付机构处理的移动支付业务笔数是银行机构的 6 倍，且增长速度远快于银行机构。与此同时，银行负债业务也受到互联网货币市场基金的冲击，互联网货币市场基金"活期存款流动性 + 高于定期存款收益率"的特性对银行负债业务形成了巨大竞争压力，分流了银行存款，加大了银行的负债成本。网络融资的发展也对银行资产业务形成了一定的冲击，网络融资把握线上流量入口，为顾客提供与场景高度契合的高效、便捷的融资服务，吸引了许多年轻人使用。

为应对市场复杂的竞争态势，保持竞争优势，银行业科技转型的进程最早、最快，也最为坚决。早在 20 世纪 80 年代，银行业就大力发展信息科技，通过"IOE"产品和技术的普遍应用，满足了业务爆发式增长、数据大集中、保障 IT 系统安全稳定运行的要求。面对互联网技术的发展，银行业又迅速转型，建设互联网银行、手机银行。招商银行早在 1998 年就在互联网上提供服务，是国内首家提供互联网服务的金融机构。目前，发展金融科技已经被大多数银行提升到战略高度，科技引领金融创新已经成为许多银行的主动选择。国内已有多家银行成立科技子公司，互联技术、分布式技术、大数据技术、人工智能技术和信息安全技术已经在银行的各业务模块、服务提供的各流程得到了普遍应用（见表 5.1）。银行业目前金融科技的发展主要体现在：前台零售销售业务采用人工智能与大数据相结合，中台风险管理采用人工智能与审批反诈骗相结合，后台运营管理采用云服务。

表 5.1　　　　　　　　　　　　　**银行金融科技子公司**

银行	科技子公司	成立时间
兴业银行	兴业数字金融服务（上海）股份有限公司	2015 年 11 月
平安银行	上海壹账通金融科技有限公司	2015 年 12 月
招商银行	招银云创（深圳）信息技术有限公司	2016 年 2 月
光大银行	光大科技有限公司	2016 年 12 月
建设银行	建信金融科技有限责任公司	2018 年 4 月
民生银行	民生科技有限公司	2018 年 5 月
华夏银行	龙盈智达（深圳）科技有限公司	2018 年 5 月
北京银行	北银金融科技有限责任公司	2019 年 5 月
工商银行	工银科技有限公司	2019 年 5 月
中国银行	中银金融科技有限公司	2019 年 6 月

资料来源：课题组整理。

（二）股份制商业银行占得先机

在大湾区注册的全国性股份制商业银行有招商银行、平安银行和广发银行 3 家，其中深圳 2 家，广州 1 家；根据是否上市，可分为上市银行 2 家，非上市银行（广发银行）1 家。股份制商业银行是金融科技的先行者。作为银行业的骨干力量，面对激烈的市场竞争，大湾区股份制商业银行率先转型，利用金融科技手段推动业务增长成为股份制商业银行弯道超车的选择。金融科技推动、以价值为基础的内涵式发展模式，与传统的注重增加机构、人员数量的外延式发展模式产生了明确的区别，并取得了显著的效果。股份制商业银行的其他业务条线也通过金融科技手段改善业务流程，提升顾客体验。金融科技在股份制银行的发展战略中占据重要位置，各银行根据本行实际制定了具体的推进措施（见表5.2）。

表5.2　　　　　　　　　　大湾区股份制银行金融科技战略及措施

银行	战略目标	具体措施
招商银行	打造金融科技银行	1. 每项业务、流程、管理都要以金融科技的手段再造，整个组织、每个管理者、所有岗位都要以金融科技思维重新武装 2. 2017年，核定上年税前利润的1%（7.9亿元），专门成立金融科技创新项目基金；2018年提高到上年度营业收入的1%，2019年提高到上年度营业收入的3.5% 3. 对标互联网企业创新机制，在内部建立金融科技创新孵化平台，为金融科技创新项目提供全面孵化支持，为创新项目注入新能力新资源 4. 致力于建设领先的金融科技基础设施，搭建数字化的智慧运营体系，培育与金融科技银行相适应的队伍和文化，谋求金融科技银行的系统化、持续性推进
平安银行	科技引领，打造国内领先的数字化银行，以科技促质效	1. 技术引领。构建领先技术架构，运用云计算和分布式技术，推动技术架构从传统集中式部署的架构，向分布式、云服务框架转型。构建开发运维一体化运作体系，进一步提升开发与运营团队之间的协作水平，提升应用交付效率。强化领先技术应用，依托集团在人工智能、生物识别、区块链、大数据等领域的核心技术和资源，将新技术深度植入金融服务全流程，推进领先科技与用户服务、产品营销、风险控制、合规管理、精细化管理等多维度的有机融合，实现数字化、智能化的业务运营和经营管理 2. 数据引领。强化数据治理，提高数据质量，发挥数据价值，提升经营管理能力。完善数据技术，建立大数据技术规范，完善大数据技术平台。挖掘数据价值，深化数据应用，提高底层数据的标准化、标签化、颗粒化、流程自动化、应用智慧化能力。推进数据赋能，在经营决策、产品服务、风险管理和精准营销等方面实现数据赋能，支持智慧管理、智慧经营、智慧风控和智慧销售 3. 模式引领。完善科技治理模式，积极推进科技与业务深度融合、敏捷运作、持续创新、风险可控的治理模式。深化敏捷化转型，建立敏捷与精益的双模研发体系，加深科技与业务的融合，提升产品研发迭代速度，推动交付质量与客户体验全面提升。完善创新体系，在依托集团科技创新的同时，通过银行创新委员会、"创新车库"等机制，激发包括科技人员在内的全员创新活力。加强安全管理，始终坚持"信息安全第一"原则，以运营为核心，实现安全管理前置化、运营场景化、流程精细化，全面提升全员的信息安全意识 4. 人才引领。对标领先互联网科技企业，建立专职科技人力机制，前瞻性做好科技人力资源规划，并建立富有竞争力的薪酬体系和激励机制，为科技人员创造良好的职业发展通道。持续引入全球顶尖科技精英，建立金融科技领军人才队伍，加快多元化的"金融+科技"复合型人才团队建设

续表

银行	战略目标	具体措施
广发银行	智慧金融，数字广发	1. 依托金融科技引领业务模式升级，通过深化人工智能、大数据、云计算、区块链等金融科技应用，形成特色的应用服务体系，快速响应业务需求抢占市场先机 2. 坚持创新驱动。以打造综合化、智能化、生态化三大特色的数字银行为目标，实现数字化产品、数字化服务、数字化销售、数字化管理、数字化风控的全面支持 3. 注重科技赋能，通过自研队伍建设、敏捷开发、能力开发等措施，推动科技与业务整合创新，在移动 App 领域形成特色优势，打造金融科技核心竞争力

资料来源：课题组整理。

因为各行的金融科技发展基础存在差异，股份制银行选择了不同的方式提升其金融科技创新能力。招商银行率先成立了金融科技子公司，并通过内孵和外部合作并用的方法推进科技与业务的融合创新，同时也将其成熟解决方案对外输出。2018 年招商银行加大了科技资源投入，年内投入 65.02 亿元，同比增长 35.17%，是当年营业收入的 2.78%。2018 年招商银行全年累计申报创新金融科技项目 931 个，其中 304 个项目已投产上线。2019 年招商银行信息科技投入 93.61 亿元，同比增长 43.97%，是营业收入的 3.72%，全行累计申报金融科技创新项目增长到 2260 个，累计立项 1611 个，其中 957 个项目已投产上线，覆盖零售、批发、风险、科技及组织文化转型的各个领域。平安银行除了打造自己的科技团队外，也从中国平安旗下的平安科技获得相当多的技术支持，2018 年平安银行科技资金性支出 25.75 亿元，同比增长 82%。2019 年 IT 资本性支出及费用投入同比增长 35.8%，科技人员（含外包）较上年末增长超过 34%。广发银行主要通过加强自身科技团队建设，开展外部合作的方式进行；2018 年 9 月，广发银行成立了研发中心直属机构，加强核心技术自主掌控能力，推动业务创新发展。

从金融科技创新的效果看，金融科技在银行业务上的应用都实现了突破式的发展，取得了较好的效果。2018 年末，招商银行零售客户数达到 1.25 亿户，招商银行 App、掌上生活 App 月活跃用户合计突破 8100 万。2019 年，招商银行 App 累计用户数达 1.14 亿户，成为首家 App 用户数破亿的股份制银行；掌上生活 App 累计用户数达 9126.43 万户。平安银行面向零售、公司、同业客户，分别打造口袋银行、口袋财务和行 e 通"三大门户"。2019 年末，口袋银行 App 注册用户数达 8946.95 万户，较上年末增长 43.7%，月活跃用户超过 3292.34 万户，较上年末增长 23.5%；信用卡流通卡量达到 6032.91 万张，同比增长 17.1%，信用卡总交易金额超过 3.33 万亿元，同比增长 22.5%。2018 年，广发银行推出手机银行 4.0 版本，上线智能客服、智慧单证、委托区块链催收平台等重要系统，搭建了互联网共享服务平台和大数据服务体系，再造了运营流程，全行网点智能化转型升级率 100%。

专栏5-1　招商银行打造金融科技银行

招商银行顺势主动求变，正式提出打造"金融科技银行"目标，要求每项业务、流程、管理都要以金融科技的手段再造，整个组织、每个管理者、所有岗位都要以金融科技思维重新武装，为"轻型银行"战略转型下半场提供源源不断的"核动力"。

一、主要策略

招商银行全面对标金融科技企业，构建金融科技基础设施，重点建设移动互联、大数据、云计算、人工智能、区块链等五大基础能力，围绕客户体验，全面开启数字化转型，其主要策略有：

一是从客户转向用户，重新定义银行服务对象和经营思维。招商银行跳出以银行账户为核心的客户体系，延伸到Ⅱ、Ⅲ类账户，以及没有绑定银行账户的App用户，着力构建互联网漏斗形用户体系。招行以用户体验为导向，持续强化把月活跃用户（MAU）作为重要指标的经营理念，牵引整个招行从业务发展到组织体系、管理方式、服务模式，再到思维、理念、文化和价值观的全方位数字化转型。

二是从银行卡转向App，重新定义银行服务边界。随着客户行为习惯的迁移，App已成为银行与客户交互的主阵地。2018年，招行实现网点"全面无卡化"，打响"消灭银行卡"战役。"招商银行""掌上生活"两大App分别已有27%和44%的流量来自非金融服务。自建场景和外拓场景已初见成效，两大App已有15个MAU超千万的自场景，还初步搭建了包括地铁、公交、停车场等便民出行类场景的用户生态体系。

三是从交易思维转向客户旅程，重新定义银行服务逻辑和客户体验。交易思维是商家立场，服务旅程才是客户立场。打造最佳客户体验银行必须从客户立场出发，全流程设身处地感知并改变银行的产品逻辑、服务方式和交互设计。为此，招商银行建立了用户体验监测体系，实时感受客户的感受，并快速反馈改进；通过搭建强大的数字化业务中台，力求以智能化方式向线上客户服务平台和一线客户经理赋能，从根本上提升客户体验。

四是从集中转向开放，重新定义银行科技基础和企业文化。招商银行对标金融科技公司，建立开放式的IT架构，全面提升科技基础能力的研发和应用；建立容错机制，支持异想天开的创新，力求改变传统银行科层制文化，使招商银行更加身轻如燕。

二、具体实施

（一）两大 App 全面探索零售金融 3.0

如果说银行业从存折时代进入银行卡时代可以被称作零售金融的 1.0 时代；以 AUM（资产管理规模）代替储蓄存款为核心指标搭建财富管理经营体系可以被称作零售金融的 2.0 时代；那么，实施"移动优先"策略，用月活跃用户数（MAU）作为关键指标，招商银行通过"内建平台、外拓场景、流量经营"全面推进零售数字化转型则标志着零售金融开始迈向 3.0 时代。

招商银行以 App 优先策略进军零售金融，招商银行 App 和掌上生活 App 均是招行打造数字化服务平台的重心所在，也是招行落实"App 优先"策略的主要载体。招商银行 App 侧重金融自场景，提供包括账户收支管理、支付结算、投资理财、贷款、城市便民生活等全方位的综合金融服务；掌上生活 App 侧重打通生活、消费、金融，以"金融为内核，生活为外延"，打造"品质生活"，积极布局生活场景，如两票（饭票、影票）、商城、旅游等场景。2018 年 11 月 18 日，招商银行在北京宣布招商银行 App8.0 迭代上线。2019 年 9 月 12 日，招商银行 App 用户正式突破 1 亿人。

招商银行App

掌上生活App

MAU 8104.67万
同比增长47.24%

借记卡线上获客占比17.89%
理财产品销售金额占比59.11%
非金融服务流量占比27.11%

信用卡数据获客占比61.21%
消费金融金额占比49.47%
非金融服务流量占比44.21%

图1　招商银行零售金融数字化成效

（资料来源：招商银行官网）

1. "用户体验"提升 MAU

MAU 由两部分组成，一部分是用户数量，另一部分是用户的活跃度，两者缺一不可。只有在内部树立以用户体验为导向的文化，才是提升 MAU 的基础。

入行六年来，负责招商银行 App 3.0 至 7.0 上百个版本、200 余项功能的迭代优化的产品经理 Edward，是这样描述他的用户体验逻辑的——"产品经理在收到一个请求时，第一个反应不是 how，而是应该先思考 what 和 why，用户真正的需求是什么，为什么要做这个需求。搞清楚这些之后，再从点到面地把产品的每一个逻辑细节想全想透。"

转账是金融生活中最常用的功能之一，各大手机银行 App 均把转账功能放在了 App 的首页，招商银行更是把转账放在了首页顶部明显位置。而在最开始，其实用户在转账时面临着本行和他行、本地和异地、普通或快速到账方式等多种选择，但用户并不想要这么多选择，Edward 发现最困扰客户的是本地和异地转账的区别。于是，他先把场景从四个缩减为两个——只需要客户选择本行还是他行，再深挖可以提升的细节。"这么一个看似简单的'四变二'，最后演变出了 1 万多条测试案例。我们当时要考虑每一个环节里的异常情况，每一个选项里的变量。"经过多年的产品迭代，招行 App 的转账体验现在有口皆碑。功能的体现是记录用户成长，形成用户生态。长远来看，开拓用户只是开始，培养用户与升级用户才是可持续发展。

2. 金融科技激发用户需求

财富体检业务具有一定的门槛，只有部分高净值客户才能享受到如此定制化的资产配置服务。招商银行通过金融科技使得能体验这项投顾服务的人越来越多，新的需求被释放了。

招行 App 中的智能财富体检，顾客按提示操作，进行风险测评，后台分析收支情况之后，便可以提出一个具有针对性的资产配置方案，建议用户应该配置多少流动性强的现金，配置多少收益稳定的固定收益类产品，以及配置多少风险高的股票。2019 年 1 月至 6 月，短短 6 个月日均体检人数就达 3.5 万人。

招行的互联网科技思维还应用在更广阔的领域——全面推动"无卡化"，正式从"卡时代"向"App 时代"转变。"无卡化"在这里不仅指的是网点办业务无须银行卡，更是指绝大部分业务都可以通过招行 App 线上办理，足不出户，无须排队领号即可办成，大大地提高了用户体验，节省了线下办理的时间，这恰恰是过去银行业用户的痛点。这不是一件容易的事情，涉及从线下网点的各个环节到核心系统、风控系统等多个系统的对接，据悉招商银行用了两年的时间完成了核心难点的攻关。

3. 连接场景，提升活跃度

在金融体验中，很多是以月度来计算的，如工资按月发，信用卡按月还，水电煤按月交。

为进一步提高 MAU，招商银行 App 在满足基础金融需求以外，还把发生频次更高的日常生活场景——饭票、影票、出行以及生活缴费等，放入了 App 中。在场景的深度渗透中，招商银行属于在银行类 App 中步子迈得比较大的。在餐饮场景中，与招商银行 App 合作的商户已有近 10 万家，覆盖全国超过 100 个城市；在出行场景中，用户皆可直接使用 App 乘坐公交和地铁；在娱乐场景中，与招商银行 App 合作的在线影院数量超 1 万家。"城市服务"被放在招商银行 App 的首页，点进去的二级页面，根据不同城市区域切换，各种本地化的智慧便民服务，穷尽了一个金融机构对生活场景的理解。不一样的是，这些场景招商银行不仅习惯性选择了"自建平台"模式，而且开放给了更多他行卡用户使用。

（二）加快批发金融业务自动化、智能化转型

招商银行利用金融科技，提升批发金融业务中后台运营支撑体系自动化、智能化水平，以提高业务效率和风控质量。

1. 提升批发金融业务流程的自动化水平

一是在信贷流程处理方面，建立风险管理的中台，向前，依托移动一事通实现客户经理、经营主责任人、风险经理、审贷官、产品经理的移动全流程协同；向后，打通整合中后台系统，通过人脸识别、OCR（光学字符识别）、印控一体机等技术手段简化一线人员的现场操作，提高服务流程的效率。二是在运营管理方面，率先在国内金融业引入 RPA（机器人流程自动化）技术，提高运营的自动化水平，在对 188 个 RPA 技术应用场景梳理的基础上，在运营管理中选取内部账户余额核对、人民币账户备案、外汇网上申报三个场景开展试点，单笔业务处理耗时缩短 65% ~95%，后续 RPA 技术将全面扩展到整体后台运营环节。

2. 提升业务管理的智能化水平

进一步整合大数据客户画像，在内部数据基础上，扩展了 3000 万家企业的工商变更记录、招中标、土地招拍挂、新闻资讯、法院执法、投融资事件等行外事件，实现了每月 25 万多条商机信息的持续抓取和推送，提高了对客户的实时感知能力。在客户营销方面，依托大数据技术，开展客户信息的数字化追踪与分析，提高营销的精准性。在风险监控方面，尝试引入人工智能和深度学习，搭建客户关联知识图谱，提高公司风险的预警监测效果。

3. 塑造"端到端"客户旅程提升客户体验

招商银行着重回归客户服务本源，通过以客户为中心的端到端流程再造，充分利用金融科技，打造以客户为中心的服务体系。在客户服务接触层，以客户需求和体验为出发点，利用线上平台和线下实体网点实现 O2O 场景服务，同时运用自然语言处理和深度学习技术，打造机器人服务平台，客户服务响应及时率、有效率明显提升。在客户服务支撑层，利用大数据和人工智能技术，打造更加高效、智能的服务支撑体系，承接前台的服务流程，打造基于大数据分析和实时风险的决策模型，实现一站式授信自助办理，全年服务超过 4 亿人次，初步实现纯数字化交付的额度服务。

数字化经营平台	产业场景拓展	智能化应用
招商银行企业App客户数53.39万户，月活跃客户数20.55万户 企业网上银行客户数168.89万户，月活跃客户数82.34万户	聚焦出行、医疗、教育、车主服务等产业场景，拓展对公商户2.83万户，全年交易量399亿元 运用区块链技术支持粤港澳大湾区、能源和基建行业的贸易金融创新	26个场景上线RPA机器人，节约200个全职工作人员 建立公司客户关系图谱，风险预警识别准确率73.05%

图2　招商银行批发业务金融科技应用成效

（资料来源：招商银行官网）

（三）推进供应链金融发展

为更好地支持供应链金融业务发展，招行成立了供应链金融开发室，负责供应链金融相关 IT 系统的建设工作，紧盯市场和业务发展需要，打造智慧供应链金融管理系统。并根据市场变化和业务发展情况持续优化，以期能够实现以领先的技术架构、创新的互联网融资模式，来更好地服务业务发展的系统建设目标。IT 对供应链金融业务发展的支持主要体现在以下几方面。

1. 加强供应链金融系统建设

搭建智慧供应链金融管理系统并持续优化，大幅提升业务处理能力和客户体验，不断优化业务流程，简化操作环节，有效控制业务操作风险，使业务处理"身轻如燕"。

2. 丰富供应链金融系统接入渠道

拓展多渠道联动业务处理模式智慧供应链金融管理系统支持移动端和 PC 端的业务处理能力，支持企业客户或者客户经理在移动端和 PC 端来处理供应链金融业务。在 PC 端也已经有效整合了对公企业网银、银企直连及后台管理系统多种渠道，极大地提升了服务效率和质量。

3. 提高系统弹性，实现产品"私人定制"

不断提高智慧供应链金融系统弹性，既要能对接大客户平台，又要能服务中小企业，可以实现产品的"私人定制"。流程设计要灵活多变，针对不同企业、不同业务类型、不同行内机构要求，可灵活定制产品，满足企业个性化的业务需求。

4. 引进前沿技术，提升系统性能

紧跟金融科技创兴潮流，在智慧供应链金融系统持续优化的过程中一直致力于引进各种前沿技术和框架：区块链、ES 搜索、大数据处理、物联网、报表工厂等，不断提升系统性能。

5. 搭建互联网融资平台，创新互联网融资模式

针对互联网企业的特点，搭建互联网融资平台，该平台能够以行业领先的业务处理能力，突破性创新的业务处理模式，对接大型电商及平台。供应链金融恰是逆经济周期，服务广大企业的有力武器。招商银行将继续基于"供应链金融＋电子渠道＋互联网金融"的整体架构思路，持续打造开放式的供应链金融生态圈。积极拓展外部优质合作渠道，搭建供应链商流信息导入渠道，充分运用大数据和互联网思维，丰富和完善供应链融资控制手段，通过产品、技术、系统和平台优势，保持招商银行在同业中的领先地位。

（四）提升基础设施能力

围绕金融科技银行建设，招商银行不断提升基础设施能力，加大系统建设和运行保障力度，加强金融科技人才培养和储备，成立金融科技学院，启动全方位金融科技人才培养模式。目前，招商银行以深圳、杭州、成都三个软件中心和深圳、上海两地数据中心为依托，支撑全行业务发展。

在基础平台建设方面，招商银行通过移动互联、大数据、云计算、人工智能和区块链等技术加快架构转型，提升应用系统的高并发、大数据计算、高开放性和高敏捷性等能力。

在应用系统开发方面，2018年招商银行发布招商银行App7.0、掌上生活App7.0，引领零售3.0转型变革；发布招商银行企业App5.0，形成一站式企业服务生态；投产CBS App3.0，满足集团企业移动化财资管理需求；投产招银汇金App，为零售客户提供交易和资讯服务一体化平台；推进网点3.0建设，提高网络化、数据化和智能化水平。围绕公交、停车、教育和医疗等典型场景，搭建场景开拓平台，输出金融科技能力，构建以客户为中心的金融服务生态圈。

在境外支持方面，搭建和提升了总行统筹管理及支持海外分支机构核心业务系统及数据仓库，以及IT系统的运行维护，大幅度降低了海外分支机构的IT成本，提升IT系统能力，有效支持了海外分支机构的业务发展。

在安全稳定方面，保证全年系统整体运行平稳，核心账务系统和骨干网络可用性保持领先，"双十一"交易高峰应对能力，系统支撑能力大幅提升。

在研发管理方面，招商银行以科技敏捷带动业务敏捷，发布精益研发管理体系V1.0版，促进IT与业务深度融合，持续提升快速响应和交付能力。

在产学研合作方面，招商银行推进与斯坦福大学、沃顿商学院、清华大学、中国科学技术研究院和上海交通大学等院校的产学研合作，加大金融科技前沿技术的研究及创新应用；联合创新发布企业级分布式数据库。

```
全面提升科技基础能力

    混合云基础架构              大数据处理平台              敏捷开发

X86服务器部署总量是上年末的    数据湖容量：增长53.91%      应用业务领域53个
2.71倍                        统一客户视图：整合9个维度客户   开发迭代周期大幅缩短
1/3应用迁移到云架构            数据、1.7万个数据项
分布式交易云平台峰值处理能力
达3.2万笔/秒
```

图 3　招商银行科技基础能力提升

（资料来源：招商银行官网）

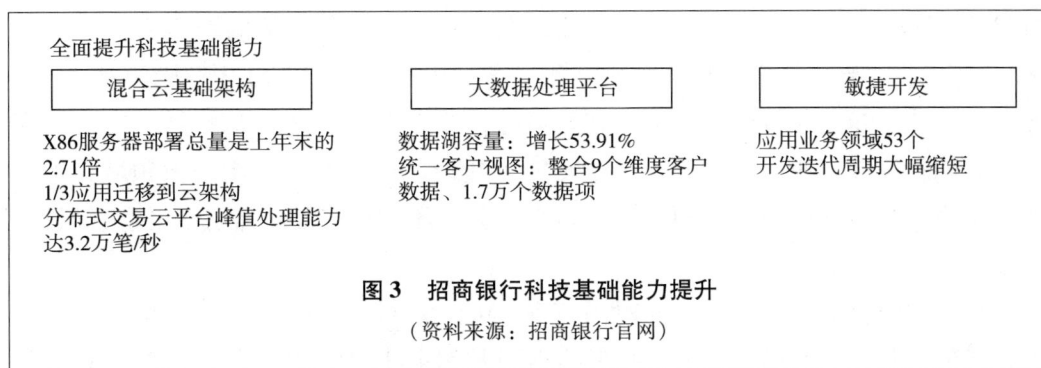

（三）城市、农村商业银行奋起直追

城市商业银行和农村商业银行、农村信用合作社是大湾区地方银行业的主力。与全国性和股份制商业银行相比，由于科技基础、客户规模、业务体系、人才队伍、盈利能力等原因，城市、农村商业银行发展金融科技面临技术力量薄弱、客户规模小、业务体系不完善、科技人才匮乏、加大投入困难等诸多困难。

尽管面临众多不利因素，大湾区的城市、农村商业银行仍在积极拥抱金融科技。目前，城市、农村商业银行改变过去更多的是购买技术服务的方式，在加强自身科技研发的同时，纷纷与科技公司、互联网公司合作，共同进行科技开发和业务拓展（见表5.3）。

表5.3　　　　　大湾区代表城市、农村商业银行合作伙伴及措施

银行	合作伙伴	具体措施
广州银行	京东金融	发行联名卡
	唯品会	消费金融、供应链金融、资金理财等领域开展合作
广东省农村信用社联合社	阿里云	构建互联网金融、大数据等专有云建设，实现智能风控和客户精细化管理
	京东金融	资产管理、农村金融及电商物流等领域开展合作
	华为云	中间业务云平台
	工商银行	全面战略合作暨融安e信风险大数据信息服务
广州农商银行	腾讯	共建金融科技创新实验室，以腾讯金融为金融科技平台推出创新金融产品
	唯品会	消费信贷、供应链金融、财富管理等领域开展合作
深圳农村商业银行	神州数码融信云	共建金融云服务平台，面向中小银行提供业务服务和IT服务
	京东金融	在金融科技领域进行深度合作

资料来源：课题组整理。

2017年，广州银行就分别与京东金融、唯品会等互联网公司签订了战略合作协议，并成立了智慧银行中心，2018年确立"金融科技赋能"发展思路并提出

"1234"概念，"1"即以打造"具有现代数字化核心竞争优势的轻型银行"为目标；"2"即"新一代核心业务系统"和"智慧银行互联网平台"双轮驱动；"3"即打造全功能线上银行、大数据及智能风控、业务创新孵化三大平台；"4"即聚焦业务创新发展、业务科技融合、技术能力建设、科技体制机制四大领域，把科技元素注入业务全流程、全领域，分步骤、分阶段实现产品、服务、渠道、风控、科技等领域的升级。

广东省农村信用社联合社面对内有 90 多个独立法人机构，在 21 个地市独立部署特色业务平台的局面，大力提升金融科技服务水平。2017 年，广东省农村信用社联合社 IT 规划通过银监会验收，IT 架构管控体系、互联网基础平台、流程协同平台、基础数据平台进入落地实施阶段，全年投产大中型科技系统项目 43 个，并与华为、京东、阿里等形成战略合作。2020 年，广东省农村信用社联合社将加快数字化转型工作。

广州农商银行则致力建设"互联网＋普惠"综合金融平台，通过布局直销银行、移动银行、网上银行、微信银行、新型支付等核心平台及功能，为客户提供线上、线下一体化综合金融服务。广州农商银行与腾讯、京东等互联网企业签订战略合作协议；与平安普惠、百度金融等第三方平台开展小微、贷款等业务层面的合作；与税务、工商、线上房产评估等政府、中介机构合作，接入第三方数据，实现客户精准画像，并结合风控模型实现对小额信用贷款的系统全自动化审批。截至 2019 年末，广州农商银行移动银行个人客户约 431 万户，企业客户约 1.64 万户，移动银行实现账务类交易 1365.34 万笔，交易金额 3482.99 亿元。

2018 年，深圳农村商业银行已初步形成运行稳定、快速反应的金融科技生产力。上线零售精准营销系统、财富管理系统等；完成场景金融平台的搭建，并与多个生活场景平台对接，初步探索出金融服务与生活场景合作共赢的商业模式。

（四）互联网银行发展取得突破

深圳前海微众银行成立于 2014 年 12 月，是国内首家开业的民营银行和纯线上互联网银行。2015 年 1 月 4 日，李克强总理视察前海微众银行，并见证了第一笔贷款的成功批放。同年 5 月，前海微众银行推出个人信用循环贷款产品——微粒贷，产品具有"仅凭个人信用、无须担保；循环授信、随借随还"的特点；8 月微众银行 App 上线；9 月微粒贷上线微信；2017 年开始测试针对小微企业的微业贷，为小微企业提供线上流动资金贷款服务。前海微众银行一直坚持在科技方面的大量投入，科技团队始终保持在全行人数一半以上，采用开源技术，按分布式架构搭建技术平台，建成拥有知识产权的可支撑亿量级客户、高并发交易的核心系统。截至 2018 年末，共建成 229 个关键系统、1202 个子系统，有效支持了年内的亿级客户量、亿级日交易量，达到国有大型银行同等规模水平；得益于开源技术与分布式架构的充分运用，致使账户运维成本持续下降45%，远低于国内外同业平均水平。截至2018年末，微众银行资产达2200亿元，比年初增长169%，其中，管理贷款余额超过3000亿元，表内各项贷款余额1198亿元，比年初增长151%；各项存款余额1545亿元，比年初增长2795%，实现了存款和贷款的均衡发展。2018年末有效客户超过1亿人，覆盖了31个省、自治区、直辖市；授信的个人客户中，约80%为大专及以下学历，3/4为非白领从业者。同时，50%的借款发生在非工作时间，72%以上的个人借款客户单笔借款成本不足100元；授信的企业客户中，约2/3属首次获得银行贷款。2019年11月，微众银行获得穆迪"A3"及标普"BBB＋"评级，成为全球首家获得国际评级的数字化银行。

2019年3月，香港金融管理局下发了首批香港虚拟银行牌照，批准Livi VB Limited、SC Digital Solutions Limited及众安虚拟金融有限公司经营虚拟银行，成为大湾区金融科技发展的里程碑事件；随后4月和5月又陆续发出了5张牌照。2019年末，已有8家公司获发虚拟银行牌照（见表5.4）。

表5.4 香港虚拟银行牌照

序号	虚拟银行	股东构成
1	Livi VB Limited	中银香港（控股）占股44%、京东数科占股36%与怡和集团占股20%
2	SC Digital Solutions Limited	渣打银行（香港）占股65.1%，香港电讯及电讯盈科占股25%，携程金融占股9.9%
3	众安虚拟金融有限公司（ZhongAn Virtual Finance Limited）	众安在线占股51%，百仕达集团占股49%
4	Welab Digital Limited	Welab Holding占股100%
5	蚂蚁商家服务（香港）有限公司	蚂蚁金服占股100%
6	贻丰有限公司（Infinium Limited）	腾讯、工银亚洲、香港交易所、高瓴资本和Perfect Ridge Limited构成
7	洞见金融科技有限公司（Insight FinTech）	小米占股90%，尚乘集团占股10%
8	平安壹账通有限公司	平安保险集团占股100%

资料来源：课题组整理。

（五）金融科技促进银行业务全面创新

大数据、人工智能、生物识别、区块链等技术的应用全面提升了银行业务的数字化、智能化，大幅改善了客户体验。招商银行引入基于大数据、人工智能等客户画像体系，将客户的基础信息、资产信息、购物信息、浏览历史等信息变为结构化数据并加以分析，从而向客户提供个性化的精准营销信息。大数据等技术在信用风险监测、反欺诈管理和合规监管等操作风险及市场风险防范中也得到广泛应用，银行可以利用客户信用评分、客户交叉违约预警信息、反欺诈模型体系等开展贷前调查、贷中审批和贷后管理工作。同时，人脸识别、语音识别、位置识别等也可以作为辅助风控手段。广发银行在反欺诈管理环节，利用模型与新型科技手段，完善实时监控策略，防范新型欺诈风险。在催收环节，上线智能机器人催收服务项目，实现智能化、自动化催收，提升不良资产清收管理效率。

（六）建设以金融科技为基础的 IT 体系

银行业务领域围绕传统业务打造的 IT 系统在新发展中显现出拓展性能不足、响应速度慢、更新难度大、架构老旧、以自我为中心等问题。为适应新战略目标，银行积极研究和应用新的科技，对信息、流程、业务模式、管理模式进行一次全面重构，构建"集中式＋分布式"融合的 IT 架构，建设数字化银行。例如，平安银行的新核心系统吸收了互联网架构的特点，采用了标准 J2EE 架构、借鉴 SOA 思想，实现了架构优化和开放，提高了交易性能，实现了账户数、单日交易处理能力从千万级向亿级飞跃。

（七）网点智能化改造持续推进

粤港澳大湾区银行纷纷加大对网点的智能化改造，通过智能网点的智能终端系统建设及设备部署，实现了业务流程的优化、大部分业务的自助化迁移和线上线下的整合。客户在电子渠道上产生的业务申请、营销线索、未办理完的业务等，可以到网点进行交易。智能网点通过打造 VTM、远程专家、移动营销终端，拓展网点服务边界，实现与网点内服务资源的整合。2017 年 8 月平安银行首家纯零售网点"广州流花支行"正式开业，此网点为平安银行智能零售的新门店。

（八）开放银行成为未来发展方向

传统银行通常将金融看成一条价值链，一种金融产品通过产品、渠道最后到达客户端。而在新兴的互联网中，形成了以用户为核心的生态系统。在此系统中，一种金融产品的产生首先源自用户需求，当需求在某个场景中被发现后，再反射进行产品开发，并将产品嵌入场景中，金融生态圈的构建要求银行采用开放银行的策略。开放银行（Open Banking）是指银行通过开放应用程序编程接口（Application Programming Interface，API）、软件开发工具包等方式，连接各类生态合作伙伴，共同提供各种特定场景的服务。2018 年可以称为是"中国开放银行元年"，在 9 月招商银行就提出要开放用户和支付体系，通过 API、H5 和 App 跳转等连接方式，实现金融和生活场景的衔接。可以预见，开放银行战略将被更多的大湾区银行所采用。

二、保险业金融科技发展

保险的核心价值在于提供风险保障。截至 2019 年末，珠三角九城市共有保险总公司 27 家，其中深圳设有保险总公司 20 家，广州设有保险总公司 5 家，珠海设有保险总公司 2 家；按保险公司类型划分，有保险（集团）股份有限公司 2 家，保险控股股份有限公司 1 家，寿险与健康险公司 9 家，财产险公司 14 家，互联网保险公司 1 家。香港保险业高度发达，保险深度与保险密度居世界前列，根据香港保险业监理处数据，截至 2019 年第三季度，香港共计拥有授权保险公司 162 家，其中 91 家经营一般业务，50 家经营长期业务，其余 21 家经营综合业务。截至 2019 年第三季度，澳门共有保险公司 25 家，其中本地保险公司 10 家，总部设于外地保险公司 15 家；人寿保险公司 12 家，非人寿保险公司 13 家，保险公司数量多，规模小，是超小型的保险市场，外来保险公司占据主要市场（见图 5.2）。

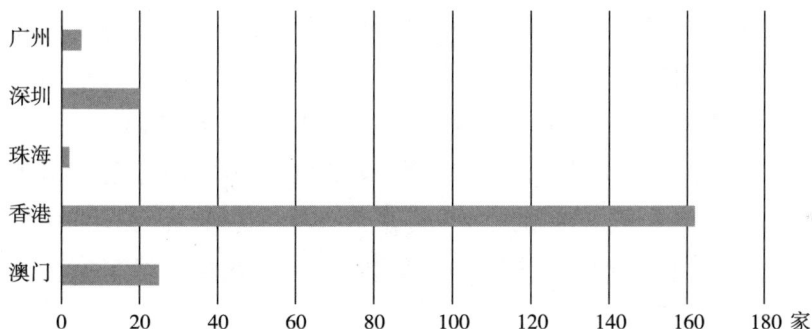

图 5.2　2019 年粤港澳大湾区保险公司数量

（资料来源：课题组整理）

（一）保险科技发展潜力巨大

粤港澳大湾区持牌保险机构金融科技发展开始加速。大多数保险公司的信息技术部门在公司战略制定和业务发展中参与程度开始提高，科技驱动业务创新意识逐渐增加。在大湾区保险公司的战略和业务计划中，大多数保险公司开始强调科技的力量。但保险公司的信息化投入水平与银行、证券相比也有较大差距，特别是中小保险机构，存在信息技术人员偏少，资金物力投入不足，自主研发能力不强，科技应用基础较薄弱的现象。但是，保险行业也是当前最有潜力通过技术驱动变革，形成突破性发展的金融子行业。科技发展为保险创新提供了无限可能。新的科技如区块链技术可以有利于保险合同的制定与执行，物联网、可穿戴设备等都能为保险公司提供海量数据，大数据和人工智能的出现也可以帮助保险公司有效利用这些数据，从而提高保险开发定价、保险营销、准备金评估、理赔等多个环节的效率和准确性。因此，保险科技发展潜力巨大。

（二）平安保险科技优势明显

中国平安保险（集团）股份有限公司是中国第一家股份制保险企业。近年来，中国平安定位于金融科技公司，实施"金融＋科技"双轮驱动战略。过去10年，中国平安已累计投入500多亿元用于创新科技的研发与应用，仅2017年就投入70亿元，并计划在接下来的十年内至少投入1000亿元。中国平安在技术上的发力点是生物识别、大数据、人工智能、云平台、区块链五大核心技术，并将其应用在客户经营、渠道管理、客户服务、风险管控四大场景。截至2019年末，中国平安已拥有近11万名科技业务从业人员、3.5万多名研发人员、2600名科学家的科技人才队伍，科技专利申请数较年初增加9112项，累计达21383项，位居国际金融机构前列，涵盖人工智能、区块链、云平台、大数据和安全等多个技术领域。中国平安孵化了陆金所、平安好医生、平安医保科技和金融壹账通多个科技创新平台。目前，中国平安在科技上的投入已见成效，科技已成为中国平安发展的护城河，并在保险业务拓展上形成明显优势。2019年，平安寿险及健康险实现营运利润889.50亿元，同比增长24.7%；平安财险实现原保费收入2709.30亿元，同比增长9.5%，2019年近90%出险客户进行端到端在线陪伴的办理赔、查理赔服务，近25%的案件可通过智能定损完成。截至2019年底，集团互联网用户5.16亿，较上年初增长16.2%；年活跃用户稳定增长达2.82亿，人均使用1.91项在线服务。

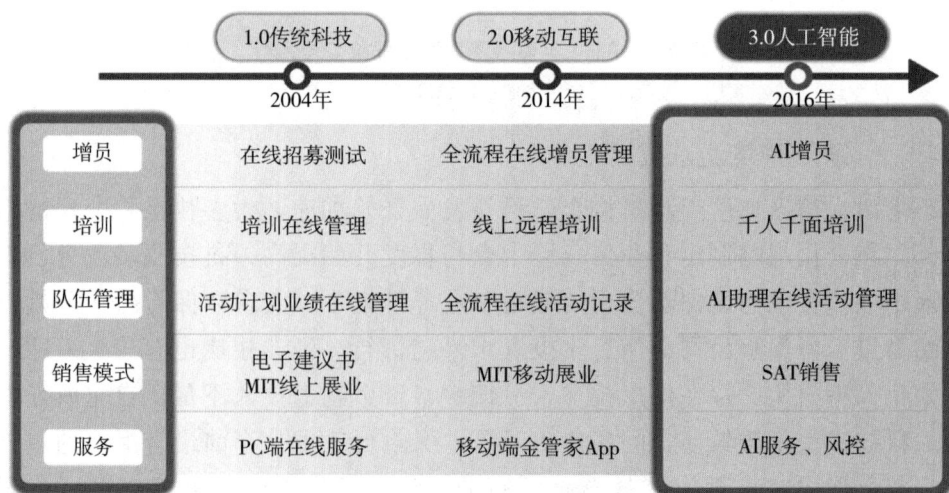

	1.0传统科技	2.0移动互联	3.0人工智能
	2004年	2014年	2016年
增员	在线招募测试	全流程在线增员管理	AI增员
培训	培训在线管理	线上远程培训	千人千面培训
队伍管理	活动计划业绩在线管理	全流程在线活动记录	AI助理在线活动管理
销售模式	电子建议书 MIT线上展业	MIT移动展业	SAT销售
服务	PC端在线服务	移动端金管家App	AI服务、风控

图5.3　平安保险科技应用逐步升级到3.0

（资料来源：平安集团官网）

专栏 5 - 2　平安集团金融科技布局

一、平安集团金融科技发展

平安借助四大核心技术推动传统金融业务快速增长，持续提升平安综合竞争力。四大核心技术已广泛应用于核心金融业务的客户经营、渠道管理、客户服务和风险管控等场景中，极大地提升了核心金融业务的价值；并成功孵化出如陆金所、金融壹账通、平安好医生、平安医保科技等一系列金融科技和医疗科技平台，且部分核心技术已对外输出服务。

（一）人工智能

中国平安已建立起贯穿人工智能主要环节的应用场景，覆盖智能认知、智能预测、智能风控和智能服务。技术层面，人工智能深度学习技术日趋成熟，达到世界领先水平。平安人脸识别技术准确率达99.8%，声纹识别文本相关准确率达99.7%，流感、手足口病预测精度达90%以上，慢阻肺预测精度达92%。医疗影像研究在国际医学影像领域权威评测LUNA排行榜上，分别以95.1%和96.8%的精度取得"肺结节检测"和"假阳性筛查"的双世界第一。AI作曲在世界AI作曲国际大奖赛中获得第一。应用层面，为客户提供智能双录、个人贷款风控、中小型企业贷款审批和智能客服等功能。人脸识别累计调用量超过10亿人次，覆盖金融、医疗、生活服务、安防等200多个集团内外部场景。声纹识别在App登录、身份核查、黑名单识别等10多种场景上线。微表情通过远程视频实时抓取客户微小的表情变化，智能判断并提示欺诈风险，已在普惠业务的贷款审核等金融业务中得到全面应用。

（二）区块链

中国平安自主研发壹账链（FiMAX）区块链技术，掌握了非货币场景下的零知识验证技术，在国密及零知识环境下仍能达到或超过传统数据库性能，可实现5万笔每秒的高吞吐量的同时保持小于0.05秒的低延时。平安通过金融壹账通打造全球最大的商业区块链平台，为国内外超过200家银行、20万家企业及500家政府和其他商业机构提供服务，拥有超过4.4万个区块链节点。平安壹账链荣获国际知名数据公司IDC发布的"IDC金融科技区块链实践大奖"。

（三）云技术

中国平安云承载万亿级资产规模的集团核心业务，并为金融服务、医疗健康、汽车服务、房产服务、智慧城市等领域的行业用户提供高效、安全的云服务。平安云拥有12项权威云认证、超过400项云技术科技专利申请，并加快市场开拓进程，致力于打造覆盖各行业的平安云生态。2018 年，平安云成为 GitHub 在大中华地区的首个云服务托管提供商（MSP），同时，平安云在国内建设 9 个数据中心的基础上推进全球布局，在新加坡等地区建设 3 个海外数据中心。

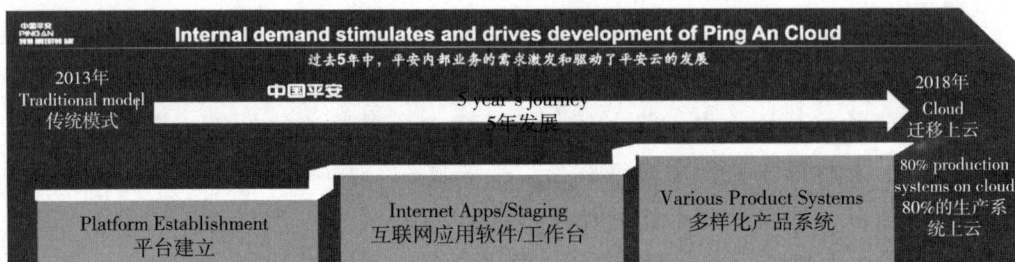

图 1　平安云发展历程

（资料来源：平安集团官网）

（四）大数据

中国平安拥有中国金融机构中规模领先的大数据平台，全年实现超 9 亿次信用查询。平安的大数据平台已建立起"1 + N"生态圈合作伙伴关系，在金融、医疗健康、汽车和房产等领域得到广泛应用。在金融领域，已与 468 家银行、1890 家非银行金融机构建立合作；医疗健康领域覆盖 8 亿人口、200 多个城市医保服务、2000 多家医院；汽车领域拥有 4000 多万车险客户量和超过 10 亿张的理赔照片。

图 2　平安集团核心科技

（资料来源：平安集团官网）

二、平安集团主要金融科技业务

(一) 平安陆金所

平安陆金所，全称为"上海陆家嘴国际金融资产交易市场股份有限公司"，2011年9月在上海注册成立，注册资本金8.37亿元，位于国际金融中心上海陆家嘴。平安陆金所是全球领先的互联网财富管理平台，平安集团旗下成员，其致力于结合金融全球化发展与信息技术创新，以健全的风险管控体系为基础，为广大机构、企业与合格投资者等提供专业、高效、安全的综合性金融资产交易信息及咨询相关服务。

陆金所的业务范围涵盖：金融创新产品的研究开发、组合设计、咨询服务；非公开发行的股权投资基金等各类交易相关配套服务；金融类应用软件开发、电子商务、商务咨询等；金融和经济咨询服务、市场调研及数据分析服务。陆金所旗下 lu.com 网络投融资平台（www.lu.com，原域名 www.lufax.com）2012年3月正式上线运营。平台结合全球金融发展与互联网技术创新，在健全的风险管控体系基础上，为中小企业及个人客户提供专业的、可信赖的投融资服务，帮助他们实现便捷高效的低成本融资和财富增值。

作为全球领先的综合性线上财富管理平台，陆金所一直保持高速增长。2019年中国平安业绩报告显示，陆金所控股已与300多家机构建立了广泛的资产端合作关系，向超过1250万的活跃投资用户提供了7000多种产品及个性化的金融服务。在个人借款领域，陆金所控股累计向超过1237万的客户提供从线下咨询到线上申请的O2O全流程借款服务。

除了通过陆金所平台交易的资产规模保持高速增长以外，陆金所还推出了投资者适当性管理体系——KYC 4.0系统。该体系主要包括"投资者评估（Know Your Customer, KYC）、产品风险评估（Know Your Product, KYP），投资者与产品风险的适配、信息披露、投资者教育"五个方面内容，最大特点就是更多地利用了大数据技术、机器学习等在资金端对投资者进行"精准画像"，并提供智能推荐服务，能实现投资者风险承受能力与产品风险的精准匹配，"将合适的产品卖给合适的人"。2018年，陆金所投后估值达394亿美元。

(二) 平安科技

平安科技成立于2008年9月，是平安集团的全资子公司，在独立成为子公司之前是平安集团的信息管理中心，其负责为全集团和下属各子公司提供IT规划和开发运营。平安集团于2008年作出战略性架构调整决定，将信息中心改建成独立子公司，各子公司不再建立自己的IT服务团队，而将所有IT支持、服务、数据分析和管理等外包给平安科技，由其提供统一的、标准化的IT服务支持。

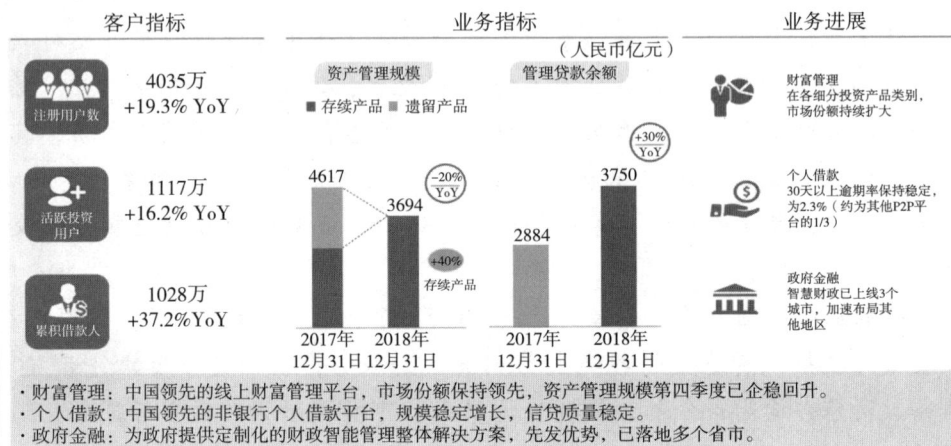

图3 平安陆金所

（资料来源：平安集团官网）

这种创新的IT支持模式，颠覆了以往的金融业IT团队建设方法，确保了集团为客户提供一站式金融服务目标的顺利实施，为平安集团的金融科技打下坚实的基础。对内，平安科技是平安集团的高科技内核和科技企业孵化器，负责开发并运营集团的关键平台和服务。对外，平安科技以智慧科技为手段、以智造未来为蓝图，聚焦于医疗、金融、智慧城市三大领域，将国际权威认证的技术能力应用到实际业务场景中，打造生态闭环，积极践行科技改变生活的企业理念。

经过十年的发展，平安科技掌握了人工智能、智能认知、区块链和云平台等四大核心技术。

（三）平安金融壹账通

金融壹账通前身为深圳平安金融科技咨询有限公司。公司依托平安集团近30年的金融科技积累，拥有全球顶尖的金融科技专家团队，具有业内丰富的金融科技实践经验。基于人工智能、大数据、区块链、云平台以及金融应用等五大核心科技，结合平安深耕多年并经实践验证的专业技术，致力打造全球领先的全产业链金融科技服务云平台，推出智能银行云、智能保险云、智能投资云以及开放科技平台四大业务板块，全面覆盖各类金融机构，提供端到端的金融科技解决方案。金融壹账通于2018年初完成A轮融资，投后估值达75亿美元，于2019年12月13日在美国纽约证券交易所上市。

金融壹账通通过"科技＋业务"的模式，用前沿技术帮助金融机构切实解决业务发展中的痛点，先后推出移动银行、智能营销、智能风控、供应链金融、

No.

系统和47个产品。

壹企银、智能闪赔、资产负债管理、ABS 生态圈、壹资管、银行核心云等 270 多个系统和 47 个产品。2018 年，金融壹账通成功走向海外市场，在中国香港、新加坡、印度尼西亚等国家和地区设立子公司服务当地金融机构。2019 年，香港子公司获得香港金融管理局颁发的香港虚拟银行牌照，进入开业筹备阶段；与 SBI Neo Financial Services 株式会社合作成立日本合资公司，助力当地金融机构开展数字化转型；进一步深耕东南亚市场，在新加坡分公司基础上开设印度尼西亚雅加达分公司。截至 2019 年 12 月 31 日，金融壹账通已为境外 14 个国家或地区的 47 家机构提供服务或签约合作。

2019 年，金融壹账通实现营业收入 23.28 亿元，同比增长 64.7%，主要得益于其独特的按交易量收费的收入模式。截至 2019 年 12 月 31 日，金融壹账通累计服务 621 家银行、96 家保险公司，包括国内 100% 的大型银行、99% 的城商行和 52% 的保险公司，并通过这些机构触达数以亿计的终端客户。客户数快速增长的同时客户关系也不断深化，截至 2019 年 12 月末，金融壹账通优质客户数达 473 个，较年初增长 114%；基于交易的持续性收入同比增长 57.9%；全年风控产品使用量 15.5 亿次。

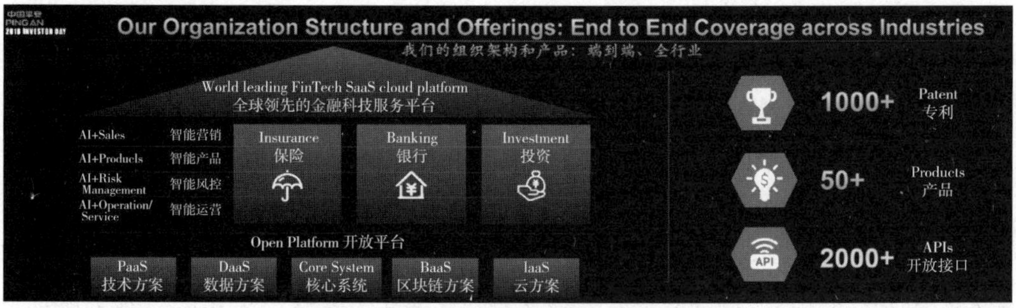

图 4　平安金融壹账通组织架构与产品

（资料来源：平安集团官网）

（四）平安壹钱包

平安壹钱包电子商务有限公司（以下简称平安壹钱包）隶属于平安保险（集团）股份有限公司（以下简称平安集团），旗下拥有平安集团内的支付机构。作为业内排名第三的支付机构，平安壹钱包旗下支付机构拥有线上、线下多元的支付业务资质，包括互联网支付、预付卡发行与受理、移动电话支付、银行卡收单，并已经在全国范围内广泛布局，为用户和合作机构提供覆盖更广的支付服务。平安壹钱包主要有壹钱包 App、支付插件、积分管理等业务，通过充分发挥协同效应，高效连接金融和用户场景。

移动支付应用壹钱包App旨在通过一个电子钱包账户，为用户提供覆盖线上和线下的支付服务，涵盖理财、购物、生活、支付、积分服务等五大模块的金融增值及消费服务，为用户带来简单、安全、便捷、有趣的移动支付体验。2016年，壹钱包累计注册用户达7681.2万，月均活跃用户突破650万，整体交易规模达28039.13亿元，同比增长75.94%，其中移动交易规模20828.76亿元，同比增长95.72%。2016年第四季度至2017年第二季度期间，壹钱包在第三方大数据监测机构艾瑞和易观智库发布的移动支付交易规模排名中，连续三个季度占据行业第3名。

支付业务为平安集团提供高效稳定的支付平台的同时，也积极拓展外部合作。例如，壹钱包在签约深圳人力资源和社会保障局，展开医保支付合作后，继续深耕拓展商业地产领域，为商业地产提供联名预付卡发行、"会员付"项目服务，目前已经签约合作的有深圳京基百纳、大悦城、上海爱彼此家居等品牌。

积分业务则重点打造积分权益相关的场景拓展，扩大外部影响力和业务规模，形成商圈体系。基于积分通用理念，壹钱包与三大运营商、银行业、航空业等10家平台合作，实现积分互通，积分使用场景覆盖网易严选、京东、苏宁易购、星巴克等60余家主流电商和线下实体商户商品。同时，"积分频道"成为积分用户的酷爱聚集地，"积分团购""积分抽奖"形式有趣，也为用户带来了超值实惠，成为活跃用户的制胜法宝。2016年全年发放积分142.45亿元，同比增长119.1%，积分带动整体交易规模233.87亿元，同比增长10.2%。

三、从"金融+科技"到"金融+生态"

近10年来，平安在科技领域的投入已经超过500亿元，集团内聚集了超过23000名科技研发人员和500位大数据专家，建立了六大技术研究院。为了保持科技的领先地位，平安与北京大学、清华大学、麻省理工学院、美国国立卫生研究院等国内外顶尖高校、研究机构深入开展合作和交流，共同推进金融科技和医疗科技领域的研究。截至2017年12月31日，平安专利申请数累计达3030项，较年初增长262.0%，涵盖了人工智能、区块链、云平台、大数据和安全等多个技术领域。平安在人脸识别、智能读片、区块链、智能音乐、智能环保等多项科研成果获全球大奖。凭借先进的科技优势，结合丰富的应用场景，平安陆续孵化出陆金所、平安好医生、平安医保科技、金融壹账通、智慧城市等多个科技创新平台，向社会输出科技服务。其中，智慧城市云平台方案也已在国内数十个城市陆续进行推广，取得显著成果。

平安集团管理层已提出要在"金融+科技"之后，推进"金融+生态"的新发展模式，打造"金融服务、医疗健康、汽车服务、房产金融、城市服务"五大生态圈。平安计划通过三部曲搭建"金融+生态"战略。第一，用科技强化主营业务，强化核心竞争力；第二，用科技建立生态，包括金融生态、医疗生态、住房生态、汽车生态和智慧城市生态等五大生态，涉及好医生、医保科技、金融壹账通等公司；第三，通过生态建立起来后，把金融注入生态。平安选择生态的五个标准：入口、规模、门槛、可转化价值、可复制。第一，是否为入口，平安不会轻易进入，一旦进入要在生态的上中下游有抓手；第二，必须够大规模，小规模不会去碰；第三，必须高门槛，其他人不容易进去，如果这个门槛建立不起来就会退出，不能保证一定成功，但一定要考虑有没有门槛；第四，能否转化价值，如果建立的生态无法转换为金融价值就不做；第五，可以简单地复制并快速发展，如平安好医生未来会在亚太区复制。

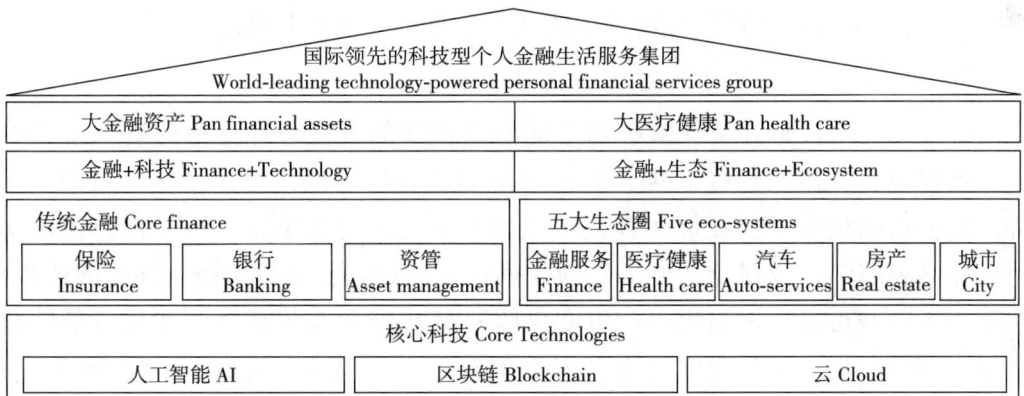

图5 平安"金融+生态"战略

（资料来源：平安集团官网）

（三）中小保险公司有待寻找新的突破

中国保险市场具有市场集中度较高、马太效应显著的特征。大型保险集团市场份额较高，中小保险企业由于规模小、代理人队伍布局不完善，发展的可持续性受到影响。截至2019年末，国内保险公司175家，134家保险企业的原保费市场份额合计不超过10%；有68家寿险公司原保费市场份额不足1%；有76家财险公司市场份额不足1%，有38家市场份额不足0.1%。大湾区众多的中小保险公司由于规模小、成本高、风控能力差、品牌知名度低等原因，在竞争中处于不利地位。中小保险公司必须专注细分客户群，注重科技创新，形成差异化特色，才有可能在细分领域与大公司进行错位竞争，形成突破。招商信诺人寿保险有限公司就是其中的典型代表。招商信诺是 2003 年在深圳成立的以健康医疗保险为特色的中外合资寿险公司，成立之初借鉴美国信诺保险公司在全球电话营销领域的经验和技术，将电销作为公司独具特色的核心销售渠道。公司在 2009 年成立的名为 Insights（洞察力）的初具大数据研究雏形的部门，现已发展成名为 Customer Resources and Insights Department（客户资源和价值管理部门）的大数据部门。随着互联网的发展，招商信诺开辟了网销渠道，建立了招商信诺保险商城及天猫旗舰店。招商信诺还与中科软、腾讯、网易等科技企业签订了战略合作框架协议，力图在人工智能、云计算、大数据等金融科技领域展开更深、更广的合作。招商信诺于 2015 年推出的 App 具有健康软件的功能，2017 年又将人脸识别技术嵌入 App 功能，2018 年推出了智能化投保工具"北斗智保"，通过科技解决客户投保中的痛点问题。2019 年 12 月，招商信诺"基于微服务的健康管理生态圈大数据平台"获得《中国银行保险报》"保险业信息化年度优秀案例优秀奖"。

（四）外资保险公司加快数字化转型

粤港澳大湾区是外资保险公司市场份额较高的地区。珠三角外资保险企业人身险保费收入占比超过 10%。香港和澳门都是外资保险公司主导。目前，外资保险公司的母公司也在加快其数字化转型步伐。安联集团、慕尼黑再保险集团、安盛集团等传统保险巨头均启动数字化转型计划，通过重塑内部业务流程、在全球主要城市设置创新中心、投资保险科技初创企业等多种方式推进数字化进程。例如，安联保险集团定义了五个生态系统：移动、健康、智能家居、资产管理和人工智能；并设立了五大转型支柱：全球数字工厂、全球数字合作伙伴、完全数字业务、Allianz X 投资中心和高级商业分析，从多角度实现数字化转型。

（五）互联网保险公司起步良好

易安财产保险股份有限公司（以下简称易安保险）是在深圳注册，经银保监会批准设立的国内四家专业互联网保险公司之一。公司由上市公司银之杰和光汇石油等 7 家公司共同发起设立，依托股东在 IT 技术、互联网金融、大数据、征信、支付等领域的资源，易安保险探索基于"大数据"的互联网保险，创新业务模式，深入解决传统保险的痛点，挖掘互联网时代保险的新需求。

易安保险以保险科技作为战略定位，坚持"IT ＋ DT"双核驱动，现已着手布局大数据分析平台、AI 实验室、区块链实验室等创新科技项目，以"产品工厂＋数据工厂"为桥梁无缝连接业务的前、中、后三端以及外部合作接口，实现了 IT 技术与保险业务的深度融合，构筑易安保险科技的核心竞争力。其产品工厂，致力于打造出一套可视化、便捷化的"互联网＋保险"产品装配工厂，实现产前规划、市场调研、设计制作、优化升级、反馈整合五个环节条线化、精细化，确保产品的快速迭代、高复用性、高互动性，作为易安保险孵化出新保险产品的创新基地。产品工厂是面向合作伙伴或用户提供保险产品自助服务的制造工厂，实现产品快速定义和自助装配。易安保险提供的保险产品有财产保险、旅行保险、意外保险、健康保险和特色保险。易安保险还开发多款具有科技基因的保险产品，如DIY天气险、天气指数保险、新型脑卒中保险等。易安保险2018年保费收入居前五位险种分别是意外伤害险、保证保险、健康险、家族财产保险、责任险。截至2018年末，易安保险服务客户人数突破3600万人，单均保费32元，平均保险期间10天，业务特点小额高频，客户积累速度100倍于传统保险公司。2018年易安保险实现保费收入12.94亿元，三年复合增速达140%。2019年，易安保险保费收入下滑，仅为10.43亿元。

2018年12月20日，香港保险业监管局（以下简称香港保监局）发布公告，向一家持有和使用全数码分销渠道的新保险公司发出首个快速通道（Fast Track）授权。这项举措的实施，对于香港保险科技发展，或将成为一个重要里程碑。快速通道（Fast Track）旨在为持有和使用全数码分销渠道（即不使用代理、银行或经纪等常规分销渠道）申请人的新授权申请提供的一种相对其他保险授权申请快速和精简流程。香港保监局指出，快速通道授权申请人必须拥有一套创新和稳健的商业模式，并能够符合现时所有有关偿付能力、资本和本地资产的要求。

（六）移动互联技术应用有待优化

大湾区保险公司在移动互联技术运用上与银行业和证券业存在差异。在互联网渠道建设上，大湾区的保险公司均设立了互联网网站，但现有网站功能较为单一，有部分公司的网站仅起到宣传和信息公开的功能。珠三角九城市的保险公司中，只有平安人寿、富德生命人寿、平安财产保险和华安财产保险等少数保险公司设立了App，设立App的保险公司占珠三角保险公司的26%。从微信服务号设立的情况看，珠三角九城市的寿险和产险公司均开通了微信服务号，通过微信服务号提供相关的保险服务。与保险中介机构网络平台和第三方网络平台合作的方式开展互联网保险业务，成为珠三角保险公司的普遍选择，部分大型保险公司与数十个平台发生业务往来。从互联网保险的产品来看，多是传统线下保险产品的简化版，产品同质化严重，缺乏针对场景和客户特征推出的定制化产品。2018年，互联网保险产品的风险也有所显现。银保监会数据显示，2018年互联网保险消费投诉同比大幅增长121.06%，相关投诉主要反映销售告知不充分或有歧义、理赔条件不合理、拒赔理由不充分、捆绑销售保险产品、未经同意自动续保等问题。2019 年上半年，四家互联网保险公司全部进入投诉量前 10 位，投诉问题主要集中在销售纠纷和理赔纠纷上。

（七）"大数据＋人工智能"在多环节开展应用

目前，业内领先的保险公司依托其大数据优势，运用人工智能在保险的投保、核保、运营、理赔等多个环节开展应用。例如，招商信诺就运用大数据和人工智能技术，帮助消费者了解个人和家庭需要的保障水平，实现定制化保险方案推荐，并完成一链投保。平安人寿在大数据应用上，基于内外部数据信息，可以构建客户画像、智能风控体系，快速判断客户的偏好、习惯，为客户提供个性化服务。平安人寿推出了"AI 客服"，依托人脸识别和声纹识别技术，可为客户建立生物识别档案，实现实人认证。从理赔上看，平安产险基于智能闪赔通过高精度图片识别、海量赔案数据积累，结合机器深度学习技术，车险理赔识别精度在 90% 以上，一键秒级定损、自动精准定价和智能风险限制，将万元以下案件效能提升 40%。

三、证券业金融科技发展

证券公司是资本市场上的综合金融服务商，其业务主要是代理买卖证券业务、证券承销与保荐业务、财务顾问业务、投资咨询业务、资产管理业务和证券投资业务。截至 2019 年末，珠三角九城市共有证券公司总部 27 家，其中广州设有 3 家，东莞设有 1 家，惠州设有 1 家，深圳设有 22 家。按公司是否上市划分，珠三角九城市有上市证券公司 6 家，非上市证券公司 21 家。香港证券市场是成熟的国际化市场，其券商已达 500 多家，由于投资者以机构投资者为主，机构投资者中海外投资者又占主要部分，市场成交低，虽然目前有一些互联网券商已经开始布局香港市场并依靠低佣金取得了不错的客户基础，但由于并未带动整个市场进行互联网化的更新，因此其影响较小。澳门目前没有证券市场（见图 5.4）。

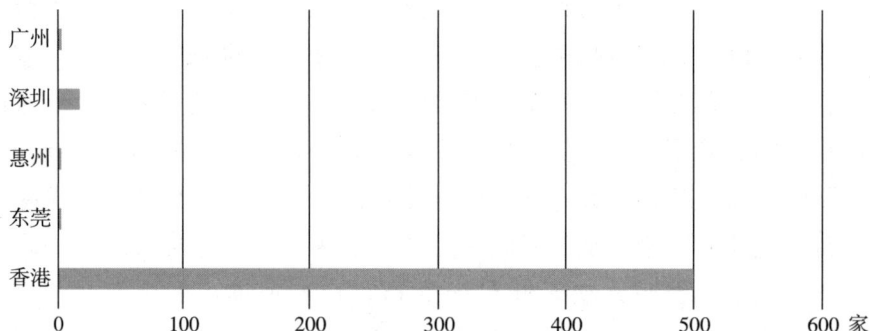

图 5.4　2019 年粤港澳大湾区证券公司数量

（资料来源：课题组整理）

（一）起步迟、发展快、基础好

证券行业是信息技术高度依赖的行业，信息技术对证券业务的发展起到举足轻重的作用。我国证券行业诞生于信息技术飞速发展的 20 世纪 90 年代初期，起步虽迟，但起点高，跨越手式操作直接进入了电子化网络作业。证券行业信息技术发展迅速，上海证券交易所和深圳证券交易所很快实现了证券市场技术运行的五个基本要素：无纸化、实名制、席位制、交易所集中撮合和中央对手方交收。在信息技术应用过程中，证券市场低迷行情也影响过证券公司的信息技术投资；但是，随着业务量的增长、业务创新与行业转型的不断推进，证券公司也建立了较为完整的信息系统，为金融科技的发展奠定了良好的基础。2008 年，网上交易已成为市场投资者的主要委托方式，占整个市场交易量的 65% 以上。2013 年，中登公司放开"现场开户"限制，网上开户业务迅速发展。目前，金融科技在交易前中后台都有大量的应用，前台包括客户引流、客户识别等，中台环节为金融产品的交易，后台包括登记、清算等。

（二）金融科技日益受到重视

大型综合类证券公司纷纷开始将金融科技作为核心竞争力在公司战略中进行描述，如中信证券、国信证券、广发证券、招商证券等行业领先的证券公司均已开始金融科技的战略布局，部分中小证券公司也积极寻找突破点，希望利用金融科技弯道超车，如联讯证券（见表 5.5）。

表 5.5　　　　　　　　　　粤港澳大湾区券商金融科技布局

公司	有关金融科技的描述
中信证券	加大金融科技的投入和应用，提升公司数据化、智能化水平
国信证券	大经纪业务战略中重视互联网对经纪业务的改造 一流的综合运营支持能力为其核心竞争力
广发证券	全面推进科技金融战略 业内领先的科技金融模式为其核心竞争力
招商证券	持续加大金融科技投入
平安证券	打造领先的、以互联网财富管理为核心的全功能券商 经纪业务互联网化为行业领先的独特优势
中投证券	明确互联网业务发展战略，通过鲜明差异化服务向中国最领先线上财富管理平台迈进
粤开证券	打造互联网金融

资料来源：课题组整理。

截至 2019 年末，珠三角九城市证券公司中，有 11 家证券公司设立了 IT 治理委员会，占比 48%，IT 治理委员会实现全公司重要 IT 架构的快速决策，能加快新技术应用的进程；有 7 家公司设立了一级部门网络金融部，占比 30%。还有许多公司在零售经纪条线下设立网络金融的二级部门。据统计，2018 年，证券公司 IT 投入平均为 1 亿元，同比增长 11.7%；行业 IT 人员数量同比增长 9%，其中总部 IT 人员增长近 20%。

（三）行业内金融科技发展差异较大

粤港澳大湾区各证券公司信息披露显示，行业内金融科技发展的差异较大。从信息技术人员数来看，最多的公司有信息技术人员 900 多人（中信证券），国信证券、广发证券、安信证券等 5 家公司的信息技术人员在 250 人以上，15 家公司信息技术人员少于 100 人，有 3 家证券公司信息技术人员在 10 人以下。从信息系统投入金额来看，2018 年信息系统投入金融最高的是中信证券，投入近 6 亿元，平安证券信息技术投入 5.34 亿元，投入 3 亿元以上的有国信证券、广发证券和招商证券，安信证券投入 2.5 亿元，但也有 10 家证券公司投入低于 5000 万元。

（四）互联网券商发展迅速

富途证券 2012 年 4 月在香港注册成立，10 月获香港证监会发牌并成为香港交易所参与者，正式对外营业。在此之前，富途证券创业团队已研发港股交易系统，随后设立移动 App 提供港股行情与交易。2014 年 3 月，获得腾讯、经纬和红杉 A 轮投资，4 月上线美股行情及交易服务，5 月与腾讯云进行合作，7 月对接 QQ 自选股，8 月成为香港交易所港股实时行情直接持牌供应商。其移动 App 功能不断优化，增加了 A 股行情、交易、社交等功能。2018 年 2 月，累计交易金额突破 10000 亿元。富途证券借助全链条自主研发的交易系统和创新的互联网模式，解决用户在开户、资金出入、行情、交易、资讯、结算等环节上的痛点，驱动金融证券行业的革新。行情方面，富途证券推动与港交所、纳斯达克的合作，让用户免费使用高级实时行情。佣金方面，推出港股万分之三的佣金费率（最低 3 港元），美股行情提供可变更佣金方案。此外，还推出了极速开户、多家香港内资银行银证转账直连等产品，不断提升用户体验。富途证券的富途牛牛平台上总共有超 380 万的港股、美股投资者，90% 来自中国内地，25～40 岁的投资者占了接近 70%。富途证券客户 27 万，每月交易额超 700 亿元，位居香港券商排名前 5% 行列。富途证券 2017 年还是美图、众安保险、易鑫和阅文这四家互联网公司在香港上市的牵头经办人。

专栏 5－3　富途证券数字化经纪平台

富途证券持有香港证监会认可第 1/2/4/5/9 类牌照（中央编号：AZT137）及美国 FINRA 颁发的证券经纪牌照，主要通过其自主研发的富途牛牛平台面向 C 端个人和 B 端企业的港股、美股、A 股（全部或部分市场）提供股票交易和清算、融资融券、市场数据及资讯、社交服务。该平台在不同的市场上进行证券交易，并围绕这一核心交易功能提供各种产品和服务，以便利投资过程。

具体而言，平台提供了以下五类服务：

一、交易、清算及结算服务

富途证券是首家在香港提供 100% 网上交易开户服务的持牌经纪公司，通过富途证券牛牛平台允许客户在 5 分钟内完成一个开户申请流程。对于在香港居住的投资者，只需通过"在线申请"和"核查程序"两个步骤即可完成开户流程。中国内地的潜在客户也可以在网上开设香港交易账户。

一旦客户开设了交易账户，就可以在平台上下单进行交易，交易执行过程完全是在线和自动化的。富途证券是香港的持牌经纪商，并与港交所和中央结算系统直连，因此公司直接管理与执行香港市场及互联互通机制下的金融产品交易。在美国主要证券交易所进行的证券交易，富途证券只是汇总客户的交易指令，交由合格的美国第三方证券经纪公司进行执行结算。在 A 股市场进行的证券交易，富途证券与一家中国券商合作，仅作为合作方交易系统的一个接入点，客户需要在该经纪商重新注册交易账户。

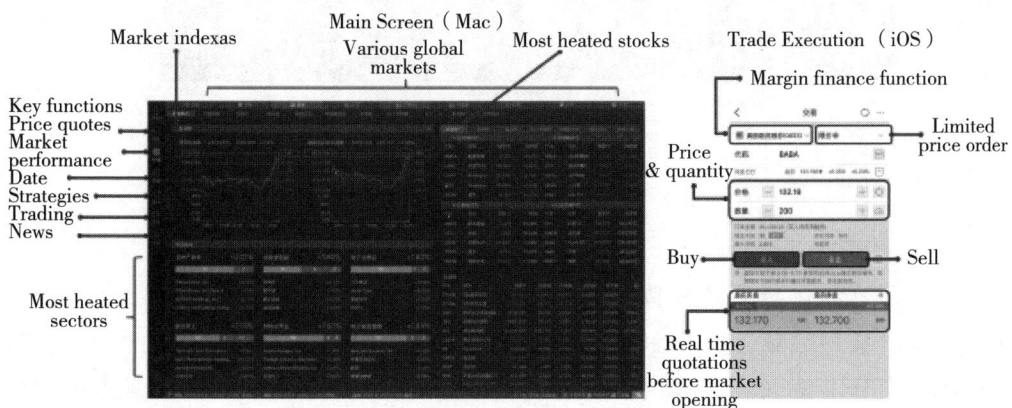

图 1　数字化经纪平台交易服务

（资料来源：富途证券招股说明书）

二、融资融券与杠杆融资服务

富途证券为在香港联交所、美国主要证券交易所、沪港通和深港通的合格证券交易客户提供保证金融资，向客户提供的所有融资都以可接受的证券作为担保。平台可以自动对跨市场账户资产进行质押，以便在计算客户的抵押品价值时，将客户的多个交易账户（包括不同货币的现金和在三个市场上市的可接受证券）的价值汇总。这消除了跨市场货币转换或交换所涉及的成本和程序，显著提高了效率。富途证券从证券借贷合作伙伴处借入证券，对在美国主要证券交易所上市的证券交易客户，平台还提供证券借贷服务，这项服务使客户可以实施卖空策略。

三、市场数据与信息服务

平台提供港股、美股和 A 股的实时股票行情数据，行情数据对所有的中国客户免费。在行情数据的基础上平台还提供众多直观的分析工具，以帮助投资者更容易作出投资决策。

平台通过一个内部内容创作团队和第三方资源，汇集各种投资信息，包括财经咨询、研究报告等，提炼成投资者可以容易获取的内容，帮助简化决策过程。图2说明了平台上可用的主要数据与信息服务内容。

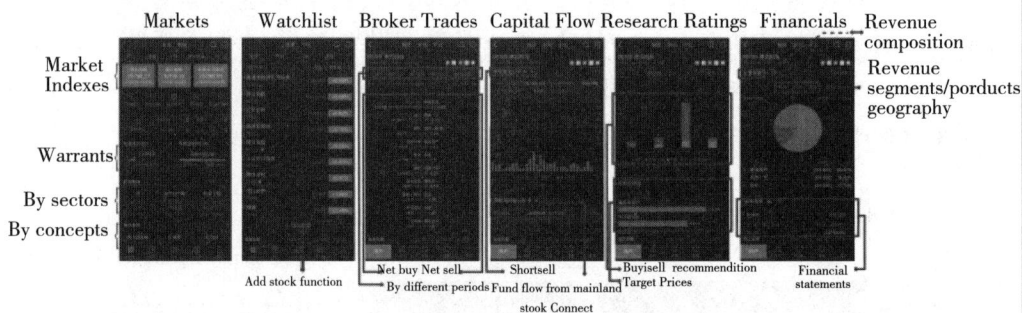

图2　数字化经纪平台市场与信息服务

（资料来源：富途证券招股说明书）

四、用户社区与交流互动

通过社交网络服务牛牛社区，富途证券扩大了业务范围并促进信息交流。与传统券商和其他在线经纪商相比，富途证券嵌入社交媒体工具，创建一个以用户为中心的社交网络，从而更好地连接用户、投资者、公司、分析师、媒体和意见领袖。这有助于促进信息的自由流动，减少信息不对称并帮助投资决策过程。例如，用户可以随时分享市场观点，观看公司活动直播，参加牛牛课堂提供的投资教育课程（见图3）。

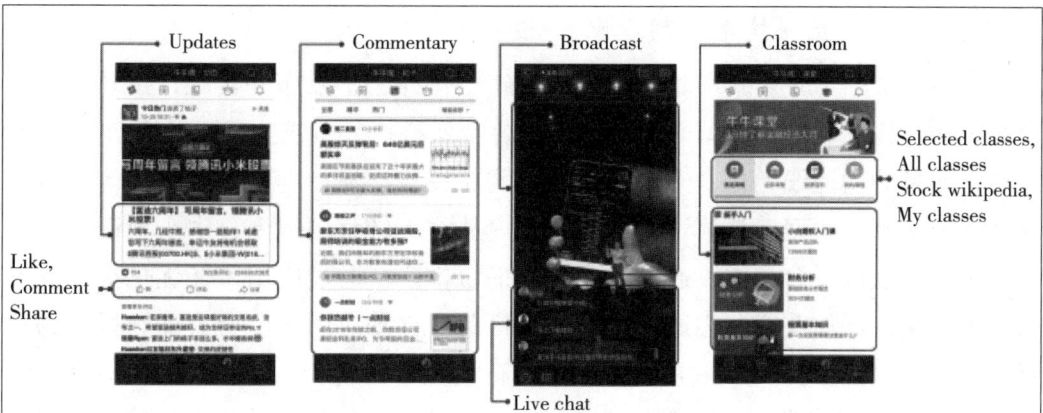

图 3　牛牛社区

（资料来源：富途证券招股说明书）

五、企业服务

帮助企业客户建立和管理员工股票期权计划（ESOP）平台，这包括围绕 ESOP 实现所有的流程和管理。通过这一服务，富途证券与企业员工建立了联系，使之成为富途证券的零售客户，有利于实现收入多元化和获得零售客户的双重目标。

此外，富途证券还服务企业在香港联交所的 IPO 业务，帮助企业 IPO 期间向投资者发行股票。图 4 为富途证券在企业 IPO 不同阶段提供的相关服务。

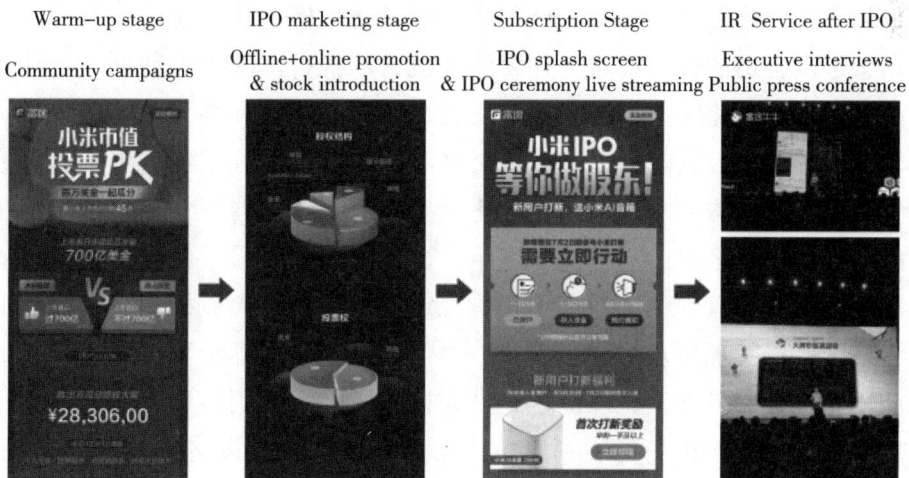

图 4　企业 IPO 服务

（资料来源：富途证券招股说明书）

（五）移动互联技术应用逐渐深化

2013年初，《证券账户非现场开户实施暂行办法》发布并实施，拉开了证券公司全面拥抱互联网的大幕。证券公司联合金融科技公司或独自开发移动端App，将经纪业务的功能线上化，开户、新股申购、在线交易、理财产品销售等功能都已在线上实现。大型证券公司将自己的客户从线下转移到线上；中小型证券公司则通过与互联网平台合作、通过线上搜索平台推广、通过应用市场优化推广等方式导入流量，增加获客，尝试弯道超车。目前，移动应用端已成为证券投资的主要接口。随着证券公司App从增量竞争向存量竞争的转变，移动互联网应用逐渐深化，2018年以来出现了两个新特点，一是移动互联应用开始从大量获客向精准服务转变，互联网证券业务的同质化现象在逐渐减少，差异开始慢慢拉开。券商将财经资讯、投资信息、投资顾问建议、研究报告、股票行情等资讯类内容与证券交易、理财产品、融资交易、资产配置等业务进行了整合，并通过业务种类的丰富化、联动化和产品体验的升级提升客户的服务体验。二是从App功能完善到生态建设转变，券商App都在努力摆脱工具的定位，以工具为基础，引入各类证券业务主体，搭建生态闭环，例如，围绕工具和平台的用户，引入投资达人、提供投资策略，帮助投资者选股，使App平台不再是用户可有可无的工具，而是连接投资主体的生态体系，这能吸纳更多用户，保持黏性。

（六）量化交易有了新发展

量化交易是将传统交易方法规则化、变量化、模型化，通过计算机技术从历史数据中选出合适的投资策略，并用计算机自动执行。随着大数据、云计算和人工智能的发展，量化交易也有了新的发展，对极致速度和多元策略的追求，成了新一轮竞争的关键因素。为提升量化交易对交易速度和稳定性的要求，多家券商将其专门服务于机构客户，尤其是量化交易客户的服务器安置于交易所的主托管机房内，保障机构客户的需求优先满足。这种物理位置最近的布局，意味着客户可以享受到直接报盘的优势。为了获得稳定的高回报，大数据和人工智能的技术被综合应用，以发现更多的有用信息。中信证券就将机器学习、人工智能的相关知识应用到投资交易之上，以量化交易为核心，灵活运用各种金融工具和衍生品进行风险管理，克服市场的不利影响。已开展的业务或策略包括股指期现套利、境内宏观策略、统计套利、基本面量化、可转债套利、商品策略、期权策略、私募可交换债策略、组合对冲基金投资、全球多策略基金等。

（七）智能投顾成为热点

近年来，随着人工智能的高歌猛进，智能投顾也持续升温，粤港澳大湾区多家券商抢先布局，上线智能投顾产品。2016年6月广发证券就率先在"易淘金"品牌下推出了"贝塔牛"智能投顾服务，该服务结合广发证券量化投资优势与客户生命周期理论，针对投资者风险偏好的不同，为投资者提供"i股票""i配置"两大功能；近几年广发证券对这一产品进行了持续优化。国信证券也于2017年12月推出了自主研发的"金太阳智投"系列产品及功能，围绕"安全边际派"投资方法论，利用大数据提供针对性的服务和金融产品，优化客户行情、交易和理财的体验（见表5.6）。目前，券商的智能投顾产品基本处于投资者检验阶段，更多的是用于优化传统的投资顾问的服务，服务其长尾客户，体现为传统投资顾问服务的自动化升级。从市场的角度，券商的智能投顾也多用于市场宣传，并未实际收取服务费用，各家券商的产品也未形成竞争。

表5.6　　　　　　　　　　粤港澳大湾区主要券商智能投顾产品

公司	平台	亮点
广发证券	贝塔牛	i股票、i配置定制化服务
国信证券	金太阳智投	提供标签选股、智能回撤、相似选股、科学选基等功能
第一创业	一创智富通	用户诊断，智能选股，智能资讯，智能客服
平安证券	智能资产配置系统	财富健康指数，个性配置方案，公募基金选择，零服务门槛

资料来源：课题组整理。

四、信托业金融科技发展

信托业具有跨越多个金融市场的优势，一直以业务创新为行业特色。截至2019年末，珠三角地区九城市信托公司共有5家，集中在广州（2家）、深圳（2家）、东莞（1家）三市（见表5.7）。信托在港澳地区并不特指一个行业，而是一项制度安排。信托机构涵盖独立的信托公司、商业银行的信托部、保险公司、专业的私人银行、法律及会计等专业服务机构，甚至一些工商企业和专业人士也在某些领域开展个性化的信托服务。

表5.7　　　　　　　　　　粤港澳大湾区主要信托公司

信托公司	注册地	注册资本（亿元）	注册时间
大业信托有限责任公司	广州市	10.00	1992年12月18日
东莞信托有限公司	东莞市	12.00	1987年3月13日
广东粤财信托有限公司	广州市	28.00	1985年3月7日
华润深国投信托有限公司	深圳市	60.00	1982年8月24日
平安信托有限责任公司	深圳市	130.00	1984年11月19日

资料来源：课题组整理。

（一）发展金融科技的驱动力不足

与银行、保险、证券行业相比，信托公司发展金融科技的驱动力不足。主要原因有三个。

一是经营环境向好导致的创新惰性。自 2009 年以来，信托业成为增长最快的金融部门。信托公司全行业管理的资产规模目前仅次于银行业。截至 2017 年末，全国 68 家信托公司管理的信托资产规模突破 26 万亿元，达 26.25 万亿元（平均每家信托公司 3859.60 亿元），同比增长 29.81%，较 2016 年末的 24.01% 上升了 5.8 个百分点；信托资产同比增速自 2016 年第二季度触及历史低点后开始回升。截至 2017 年末，信托行业经营业绩进一步提升。从同比指标来看，信托全行业实现经营收入 1190.69 亿元，相较 2016 年末的 1116.24 亿元，同比增长 6.67%。2017 年末信托全行业实现利润总额 824.11 亿元，较 2016 年末同比上升 6.78%。2018 年，受外部环境影响，信托业适时调整发展重点，实现了降中趋稳、提质增效的整体效果，68 家信托公司管理的受托资产规模为 22.70 万亿元，经营收入 1035.72 亿元，利润总额 709.85 亿元，保持较好水平（见图 5.5 和图 5.6）。2019 年，信托业规模继续稳中有降，至第三季度末，68 家信托公司受托资产规模为 21.99 万亿元，经营收入 795.64 亿元，利润总额 559.35 亿元。

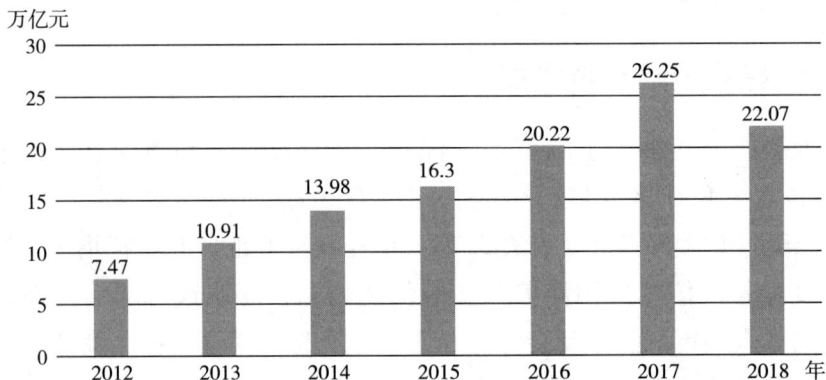

图 5.5 信托业资产规模

（资料来源：课题组整理）

二是信托业务的特点所致。目前，信托业务多以融资驱动为导向，形成了以房地产信托为主体、以基础产业信托为重要支撑、证券信托协调发展的主营业务格局，多为通道业务，信托公司对体现资产管理能力以及事务管理能力的信托本源业务品种鲜有涉及。信托业务经营聚焦于最大化利用牌照的稀缺性，科技对其重要性相比其他金融行业弱。

亿元

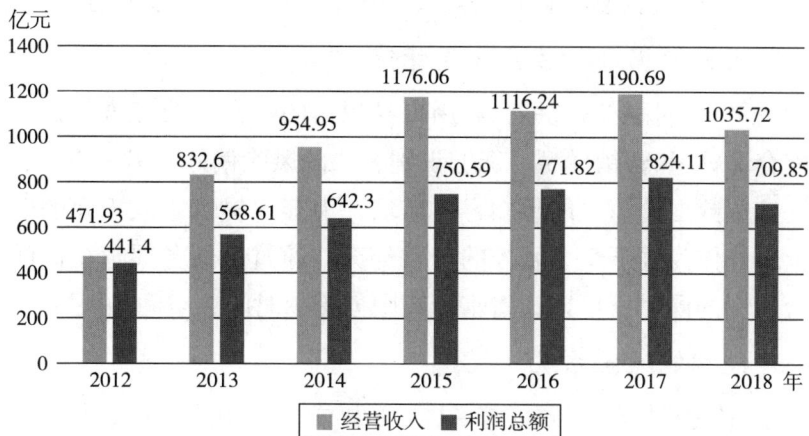

图 5.6　信托经营收入与利润总额

（资料来源：课题组整理）

三是互联网金融发展对信托业冲击较小。信托业务要严格遵守合格投资者的监管规定，审慎甄别客户身份和评估客户风险承受能力，不能将产品销售给与风险承受能力不相匹配的客户。单笔投资额普遍在百万元以上，纯线上交易并不适合信托销售。而且信托公司对于现场开户尤其重视，在目前的技术手段下，要留有语音和影像等。这都导致互联网金融发展对其影响较小。

（二）有预见者已先行

泛资管时代为信托公司创新提出更高的要求，同时也促使信托公司加快创新以应对激烈的跨行业竞争。随着中国高净值人士的持续增加，个性化、定制化、综合化的金融服务需求增多，依赖于传统产品的项目导向模式显然已经不适应投资者的需求，这为信托公司发展金融科技提供了强大动力。

在 5 家信托公司中，粤财信托提出要全面践行"互联网＋"战略，在高级管理层下设立了信息科技委员会，在业务层设立信息科技部和创新研发部。平安信托紧跟平安集团"金融＋科技"的发展模式，计划借助平安集团的科技云等优势，从智能账户、客户服务、渠道平台、综合产品及智能风控等方面突破，形成差异化竞争优势。华润信托在战略规划中提出要加大金融科技引领。

（三）移动互联技术提升服务能力

信托公司开发 App 实现部分信托业务向线上迁移，客户登录信托 App，便可轻松办理产品预约、电子签约、追加认购、赎回、资产查询等各类业务。网上信托支持身份证登录、资金账号切换，强化功能入口和模块分类，方便客户更加快速、流畅地进行操作。华润信托开发的 E－trust 系统，有交互式互联网客户端，包括网上信托（含手机版）、微信公众号、移动营销平台等多个功能模块。

（四）利用大数据进行客户分层营销

一方面，平安信托财富宝平台利用自身积累的数据和第三方数据，通过大数据技术，配合 KYC 和营销模型，能够识别客户的风险偏好。另一方面，平台通过建模分析，挖掘数据价值，能感知客户需求，为客户提供千人千面的资产配置服务。将线上服务作为线下交易管控的有益补充，通过多服务渠道协同的方式，在保证交易合规性的同时，可以让财富管理服务跨越时间、空间的限制。

（五）建设智能风控系统

2018 年，平安信托将大数据与 AI 人工智能技术引入风控，构建了"1 + 7"智能风控平台。该平台在原有全流程风控系统的基础上，聚焦打造智能行研、风险画像、财报再造、智能评审、智能法审、智能投中、智能投后等 7 大模块，应用在投融资业务全流程中，赋能展业经营、赋能管理决策。智能风控平台的运用，能提升公司作业效率，提高风控质量，降低风控成本，全面提升了公司风险管理系统化水平和投融资决策水平。智能风控平台将为公司在资金端和资产端提供切实风险保障，助力资本以更低损耗进入实体经济。

第二节　互联网金融规范发展

一、新兴支付发展

新兴支付主要是指由于支付技术发展而兴起的以互联网支付、移动支付和条码为代表的支付方式。三种支付技术共同构成了庞大的网络支付市场。在中国，非银行支付体系作为互联网金融的最重要基础设施之一，发展最为迅速。截至 2019 年末，粤港澳大湾区非银行支付机构共有 47 家。其中，深圳有 18 家，香港有 15 家，广州有 9 家，澳门有 2 家，珠海有 2 家，佛山有 1 家（见图 5.7）。受益于科技与支付产品的结合，非银行支付机构支付服务产品日益丰富、业务规模急剧扩大，在一定程度上冲击了银行业金融机构的支付市场主导地位。

（一）支付服务产品丰富

2018 年起，支付技术的进步推动新兴支付方式的不断丰富，移动支付、电子券、二维码支付、穿戴支付等新兴支付方式越来越普及。线下零售也试行人脸识别技术，财付通在深圳开设第一家人脸识别智慧时尚体验店。支付的方式在不断丰富。

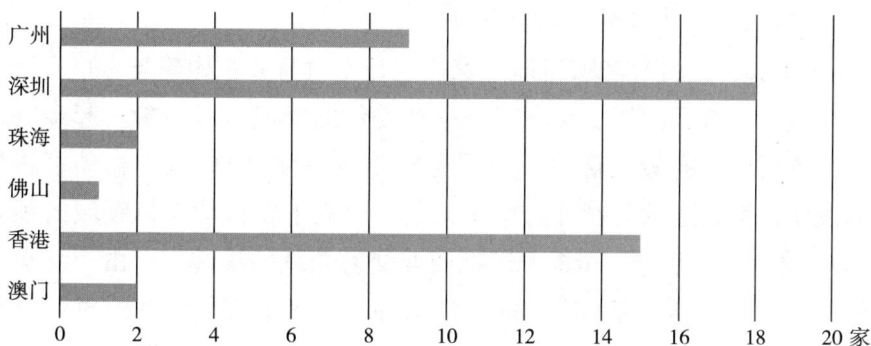

图 5.7　2019 年粤港澳大湾区新兴支付机构数量

（资料来源：课题组整理）

　　非银行支付机构不断丰富新兴支付应用场景，在原有的餐饮、外卖、租房、装修、教育等应用场景基础上，移动支付在税务、医疗、公共出行等公共服务领域应用更加普遍，消费者使用新兴支付工具的消费习惯已经养成。轨道交通上，2017 年腾讯率先与广州地铁展开合作，宣布全国首个地铁乘车码在广州上线试运行，现在已在全国 28 个省级行政区 120 多座城市相继推行。在投资理财方面，粤港澳大湾区多家非银行支付机构为公募基金销售机构提供支付结算服务，截至 2019 年末，粤港澳大湾区获得基金销售支付结算业务许可的非银行支付机构为 9 家。

　　非银行支付机构积极拓展行业应用，根据行业共性为中小企业设计支付整体解决方案，开发基于场景的专用支付结算产品。腾讯在商家推出"招码购"作为智慧零售的解决方案之一，该解决方案融合了小程序与微信支付，客户可避免排队结账，提高了高峰时段的交易效率。其中大型超市先行采纳了这一解决方案，以提高交易效率。

表 5.8　　　　　　　　　　　　支付机构与合作的基金销售机构

序号	机构名称	注册地	监督银行	合作的基金销售机构
1	财付通	深圳	广发银行	24 家基金管理公司（南方、华夏等）
2	证联融通	珠海	中国建设银行	1 家基金管理公司（长城）
3	深圳快付通	深圳	中国建设银行	1 家基金管理公司（博时）
4	深银联易办事	深圳	平安银行	1 家基金销售机构（平安银行）
5	平安付科技	深圳	平安银行	1 家基金管理公司（平安大华）
6	易联支付	广州	中国光大银行	1 家基金管理公司（交银施罗德基金）
7	广州银联网络	广州	广发银行	1 家基金管理公司（广发基金）
8	腾付通	深圳	平安银行	1 家基金管理公司（诺安基金）
9	顺丰恒通支付	深圳	中国工商银行	1 家基金管理公司（易方达基金）

资料来源：课题组整理。

（二）新兴支付市场双寡头格局日益稳固

自2014年起，支付宝和财付通两家非银行支付行业在构建与客户直接接触的场景上占有绝对优势，占据了互联网与移动支付的九成市场份额。起步时，支付宝在互联网支付中占有较大优势。随着支付业务持续由PC端向移动端转移，移动支付的发展，财付通的份额开始快速增长，形成了在移动支付领域的领导地位（以活跃账户数计），并进一步提升了在商业交易领域的渗透率。由于移动客户的增长已经接近极限，随着存量客户的黏性增加，市场上支付宝和财付通双寡头的竞争格局日益稳固。大量的非银行支付机构可以选择to B的发展方向。

（三）移动支付对互联网支付形成替代效应

随着移动智能终端的普及以及市场机构的大力推动，移动支付已成为创新活跃、产品丰富、发展迅速、普及程度较高的支付方式。消费者使用移动支付的习惯已逐渐养成，移动支付的高速发展对互联网支付形成替代效应。根据中国支付清算协会数据，2018年，第三方支付机构共处理网络支付业务5306.10亿笔，合208.07亿元，同比分别增长85.05%和45.23%，日均发生业务14.53亿笔，金额0.57亿元。在网络支付中，移动支付占据主导地位，互联网支付业务出现萎缩，2017年第三方支付机构共处理互联网支付业务483.29亿笔，金额38.75亿元，分别比上年下降27.14%和28.61%，日均处理业务1.32万笔，金额0.11亿元。2017年非银行支付机构互联网支付和移动支付业务金额占网络支付总业务金额的比重分别为26.9%和73.1%，与2016年的51.6%和48.4%相比，移动支付业务的比重大幅提升。

（四）跨境支付发展迅速

随着中国对外开放的进一步推进，国际交流日益深化，跨境支付业务发展迅速。个人用户跨境支付场景主要分布于跨境网络消费、跨境转账汇款，其中用于跨境网络消费的跨境支付网民比例最高。第三方支付机构因为支付收费低廉、快速便捷、安全性较高，适合小额频繁的跨境支付。中国自2013年启动跨境支付试点以来，共有30家第三方支付机构获得跨境电子商务外汇支付业务许可，深圳的财付通和智付电子支付为粤港澳大湾区仅有的两家。微信支付已在49个境外国家和地区开展业务，支付超过16种外币的直接结算。近年来，跨境支付的数量与金额都在稳步增长。中国支付清算协会统计数据显示，2017年国内非银行支付机构跨境互联网支付交易笔数为12.56亿笔，金额为3189.46亿元，分别比上年增长114.7%和70.97%。2019年1月，内地微信用户在香港和澳门的跨境支付日均笔数分别为2018年同期的3倍和10倍。2018年9月26日，在中国人民银行及香港金融管理局的指导下，腾讯微信香港钱包（WeChat Pay HK）成为首家为香港用户提供内地移动支付服务的香港储值支付工具（SVF）持牌方（见表5.9）。

表5.9　　　　　　　粤港澳大湾区第三方支付公司跨境支付经营范围

公司名称	经营范围	地区
财付通	跨境货物贸易、航空机票及酒店住宿	深圳
智付电子支付	跨境货物和服务贸易	深圳
WeChat Pay HK	内地移动支付服务	香港

资料来源：课题组整理。

专栏5－4　腾讯双向跨境支付发展

跨境支付服务的推出，满足了中国用户在境外或者线上使用人民币购买境外商品的需求。交易中，消费者仅需支付人民币，通过平台转化，国外商家即可收到本国货币进行交易结算。对中国用户来说，此举免除了兑换外币的烦恼。

但大多数的跨境支付业务，都是让中国人在海外可以使用移动支付。但反向的跨境支付，也就是让境外用户在大陆享受移动支付服务的却比较少，其主要受限于实名制和银行卡开户。

腾讯在双向跨境支付拓展方面主要有两个发展方向：一方面是跟随国人出境旅行的发展路径，在热门地区景点陆续推进微信支付应用场景落地，目前已经有数十个国家和地区支持微信支付；另一方面，腾讯也在中国香港和马来西亚申请了当地的支付牌照，会以配套模式向中国香港、马来西亚用户提供便利服务。

2016年8月25日，香港金融管理局批出第一批储值支付工具（SVF）牌照，腾讯旗下微信香港钱包（WeChat Pay）获批，标志着腾讯除了能继续服务香港的商家，还能为香港用户提供电子钱包等移动生活服务。

2017年10月31日，WeChat Pay在香港宣布推出3项升级支付功能，全面适用香港各大消费场景。这三项新功能分别为快速支付付款码、二维码收款和微信支付收款台。快速支付付款码是专为餐厅、超市和连锁店大型商户而设，商户可将WeChat Pay连接至POS机零售系统，直接完成收费；二维码收款是专为个人、家庭式小店等小商户而设，消费者扫描二维码后就可以完成支付，无须安装POS机。消费者从即日起通过微信扫描二维码可完成线上线下、不同消费场景的支付，而香港的士、报刊亭、超市、连锁店等也可通过WeChat Pay完成收费。

2017年11月23日，腾讯公司与香港铁路有限公司正式签署合作协议，双方就微信支付和微信香港钱包在香港地铁的移动支付业务展开合作。此举将为内地与香港用户提供微信支付购票体验，解决用户乘坐地铁时需要兑换货币、找不到零钱等痛点。内地游客在香港乘坐地铁时可通过微信支付购票，无须兑换港元。香港居民可以通过微信香港钱包，直接使用港元购票。在腾讯的构想中，未来可以通过小程序、公众号带来更丰富的服务，以及通过在交通出行领域布局加深用户使用钱包的黏性。"我们和八达通既是竞争对手，又是合作伙伴。如果不把资源相互打通，对于大家拓展市场都不利。"未来，腾讯将与八达通等深度合作，推广乘车码，以改变香港人原有的出行支付习惯。

2018年春节，腾讯和阿里巴巴在香港展开移动支付大战，双方都花掉了大笔资金，推动移动支付在香港普及。从数据来看，效果也很直观——WeChat Pay HK农历新年期间（2月1日至28日），用户成功"抢走"超过1000万港元WeChat利是（红包）。2月新增注册用户数目上升44%，逾百万港人开启WeChat Pay电子钱包功能。

2018年8月，WeChat Pay HK上线了信用卡还款服务。中国工商银行（亚洲）有限公司成为WeChat Pay HK里首家支持信用卡还款的银行。

至此，WeChat Pay HK支持用户绑定全香港的Visa、MasterCard信用卡，用户可以用港元支付、转账、收发微信红包、还信用卡等功能，或在商超、茶餐厅、的士、地铁等线下场景进行支付。此外，微信香港钱包还接入了香港金融管理局的快速支付系统（Faster Payment System，简称FPS、转数快），为用户提供实时跨行转账等便捷服务。

2018年9月26日，在中国人民银行及香港金融管理局的指导下，腾讯携手银联在深圳举行"移动支付，畅享两地"双向跨境支付启动仪式。WeChat Pay HK成为首家为香港用户提供内地移动支付服务的香港储值支付工具（SVF）持牌方。财付通、微信香港钱包将接入中国银联、银联国际转接清算协同，保障微信香港钱包用户跨境移动支付安全、合规。

其模式即香港用户在内地标明支持"微信支付"的指定商家使用WeChat Pay HK进行消费后，产生的资金结算流程将由WeChat Pay HK对接银联国际，再由中国银联对接财付通，转接交易并清算资金。

从2018年10月开始，使用WeChat Pay HK的香港用户可用WeChat Pay HK在内地购买高铁票、打车、享美食等。用户支付时，WeChat Pay HK将自动将需要支付的人民币金额，换算对应的港元金额，用户可通过钱包余额、已绑定的信用卡或银行卡中的港元进行支付。首批上线接入相关服务商户包括12306、滴滴打车、美团外卖、大众点评等，涉及中国内地超过80万家的线下商户。

财付通、微信香港钱包接入银联转接清算系统，不仅内地用户可在香港使用微信跨境支付进行消费，香港用户也能在内地使用微信香港钱包，意味着两地用户将通过双向跨境支付，共享移动支付的便捷，加速两地经济、人文的交流，共建粤港澳大湾区金融科技新生态。

（五）从直连到网联

近年来，非银行支付市场迅猛发展，业务量持续高速增长，但同时也暴露出直接模式存在的问题。2017年8月，经过中国人民银行批准，网联清算有限公司在北京注册成立。该公司是由中国人民银行指导中国支付清算协会按照市场化方式组织非银行支付机构，本着"共建、共有、共享"原则共同参股出资的公司制企业法人。在网联的全部45个股东中，7家有人民银行或国家外汇管理局背景的股东合计持股37%，余下63%的股份由非银行支付公司依据交易规模和参与网联筹备建设的贡献度入股，有6家非银行支付公司获得了网联清算有限公司的董事席位。作为非银行支付机构网络支付清算平台的运营机构，该公司运营的网联平台主要为非银行支付机构发起的涉及银行账户的网络支付业务提供安全、高效的信息转接和资金清算服务。同月，中国人民银行下发《关于将非银行支付机构网络支付业务由直连模式迁移至网联平台处理的通知》要求，自2018年6月30日起，非银行支付机构受理的涉及银行账户的网络支付业务将全部通过网联平台处理，原有的直连模式停止。截至2018年末，共有424家商业银行和115家支付机构接入网联平台。2018年，网联平台处理业务1284.77亿笔，金额57.91万亿元；日均处理业务3.52亿笔，金额1586.48亿元。2019年第二季度，网联平台日均处理业务达9.6亿笔，金额达6332.59亿元。2019年第四季度，网联平台日均处理业务达13.67亿笔，金额8531.95亿元。

二、网络借贷信息中介机构发展

（一）整改大幕拉开，清退成为主要方向

对于粤港澳大湾区网络借贷信息中介平台而言，2018年以来进入了漫长的整改历程。根据2017年12月P2P网贷风险专项整治工作领导小组办公室下发的《关于做好P2P网络借贷风险专项整治整改验收工作的通知》，各地纷纷启动整改工作。2018年1月19日，深圳市金融办发布了《关于进一步做好全市网

络借贷信息中介机构整改有关事项的通知》《深圳市网络借贷信息中介机构整改验收指引表》；2月，广东省金融办发布了《广东省网络借贷信息中介机构整改验收问题自查指引表》等文件。2018年8月17日，P2P网贷风险专项整治工作领导小组办公室印发了《关于开展P2P网络借贷机构合规检查工作的通知》（含108条问题清单）；8月29日，中国互联网金融协会下发了《P2P网络借贷会员机构自查自纠问题清单》（119条自查清单）。在整改文件的指引下，大湾区各城市陆续开展整改检查工作。

随着整改大幕的拉开和清退的推进，大湾区网络借贷信息中介平台的风险得到了充分暴露，2018年出现了问题或转型平台210家。从时间上看，2018年7月是平台爆雷的高峰，共出现问题或转型平台47家，随后的9月和10月达到年内的第二次高峰，出现问题或转型平台分别为25家和23家（见图5.8）。2018年出现的问题或转型平台中，广州有21家，深圳有169家，佛山有4家，东莞有10家，惠州有2家，珠海有1家，江门有1家，肇庆有2家。停业平台主要集中在深圳，占比80%，停业原因如图5.9所示，具体数据为：经侦介入62家，占比29.52%；暂停发标60家，占比28.57%；停业43家，占比20.48%；延期兑付16家，占比7.62%；提现困难14家，占比6.67%；转型6家，占比2.86%，恶意跑路5家，占比2.38%；其他原因4家，占比1.9%。

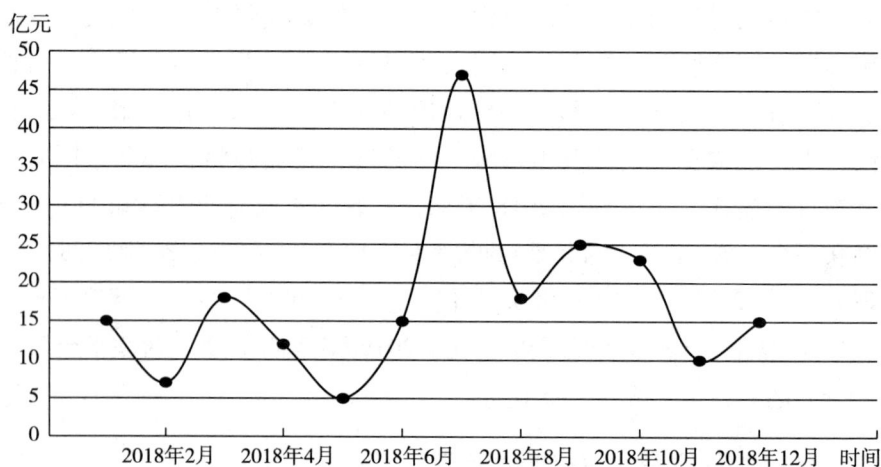

图5.8 2018年粤港澳大湾区问题或转型平台
（资料来源：课题组、网贷之家整理）

2017年末，粤港澳大湾区正常运营平台为435家，在2018年期间大湾区新增平台5家，均在深圳；当期出现问题或转型平台210家，综合上述数据，截至2018年末，粤港澳大湾区正常运营平台为230家，集中在广州（36家）、深圳

（179家）、佛山（7家）、东莞（6家）、惠州（1家）、珠海（1家）6个城市，江门、中山和肇庆无平台（见图5.10）。

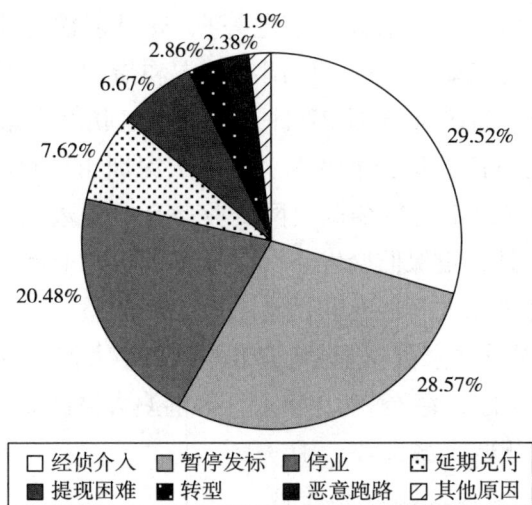

图5.9　2018年粤港澳大湾区停止运营的平台按原因分类

（资料来源：课题组、网贷之家整理）

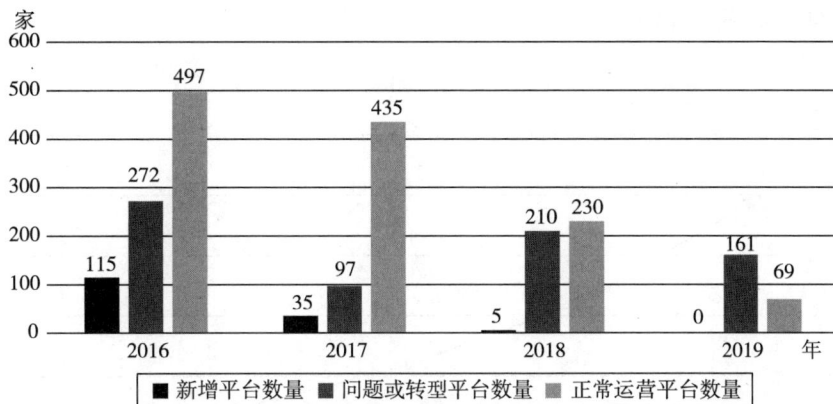

图5.10　粤港澳大湾区新增平台、问题或转型平台、正常运营平台数量

（资料来源：课题组、网贷之家整理）

　　2018年12月19日，互金整治办与网贷整治办联合发布《关于做好网贷机构分类处置和风险防范工作的意见》（整治办函〔2018〕175号），将坚持以机构退出为主要工作方向，奠定了2019年行业清退的主基调。2018年10月，广东互联网金融协会发布了《广东省网络借贷信息中介机构业务退出指引（试行）》，要求网贷机构在作出退出决定后应及时制订退出方案，并在公告前5个工作日内向注册地所在的县（市、区）金融工作部门和协会报备，网贷机构在退出时可以采取多样化的方式对项目进行处置，包括但不限于自行清收或委托外部机构清收、协助出借人自行清收（包括提供借款人信息等）、通过债权转让、债权托管等方式取得金融资产管理公司流动性支持、协调出借人和借款人进行债转股、通过并购重组等方式筹措资金。2019年3月27日，深圳市互联网金融协会发布《深圳市网络借贷信息中介机构良性退出指引》，适用于深圳市辖区内因主动申请退出、被引导退出或被金融管理部门责令退出网贷业务且业务数据真实、完整、有效的网贷机构。2020年1月，银保监会发布《关于推动银行业和保险业高质量发展的指导意见》强调，要"深入开展互联网金融风险专项整治，推动不合规网络借贷机构良性退出。"据网贷之家数据显示，2019年全年大湾区无新增平台，当期出现问题或转型平台161家，截至2019年末，粤港澳大湾区剩余运营平台为69家，主要集中在深圳和广州两个城市。

（二）成交量与贷款余额持续下降

2017年12月，粤港澳大湾区平台总成交量为485.82亿元，进入2018年，成交呈逐月下降趋势，至2018年12月，平台总成交量为218.41亿元。进入2019年后，成交量持续减少，至2019年12月总成交量已降至56.97亿元，仅为2018年末的1/4（见图5.11）。

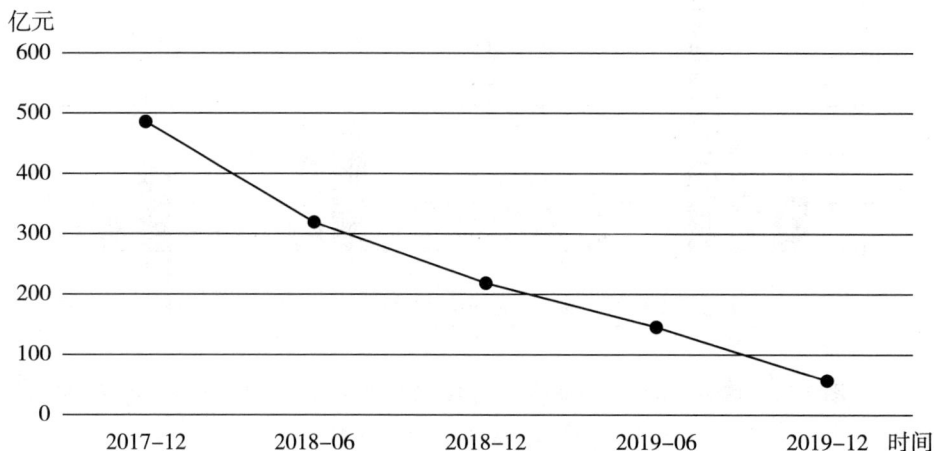

图5.11　2018—2019年粤港澳大湾区平台总成交量

（资料来源：课题组、网贷之家整理）

从珠三角五城市来看，2018年各城市成交量与2017年12月比，均呈下降趋势，其中深圳从377.37亿元下降到147.47亿元，广州从55.43亿元下降到23.99亿元，降幅巨大（见图5.12）。

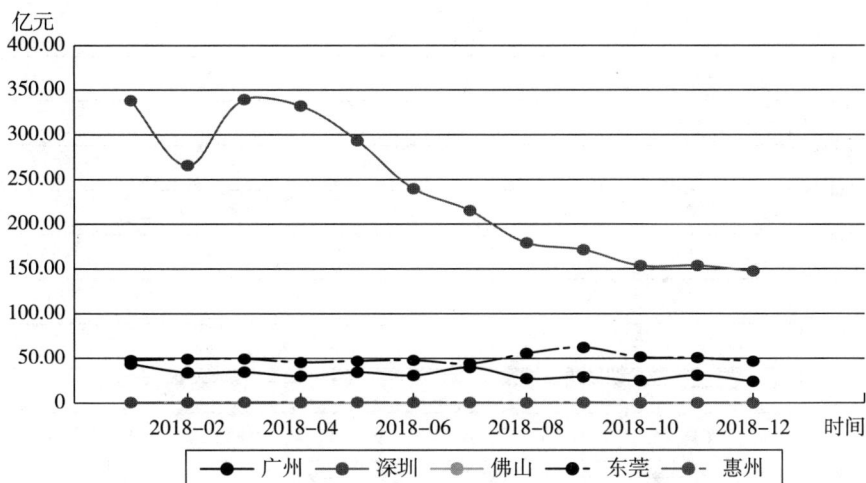

图 5.12　2018 年珠三角五城市平台总成交量

(资料来源：课题组、网贷之家整理)

相比 2017 年末的 1819.60 亿元平台贷款余额，2018 年末贷款余额下降到 1160.65 亿元，也呈现逐月下降趋势。2019 年平台贷款余额持续下降，至 12 月末，贷款余额为 576.92 亿元，仅为 2018 年末的 1/2（见图 5.13）。

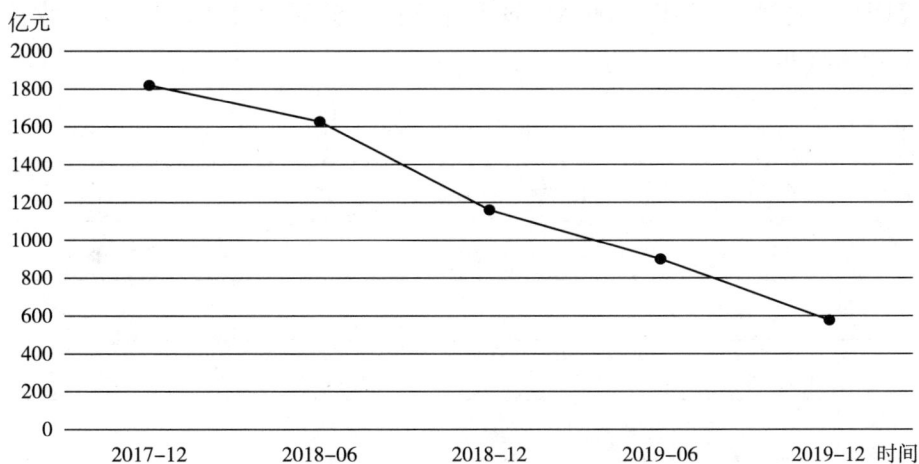

图 5.13　2018—2019 年粤港澳大湾区平台贷款余额

(资料来源：课题组、网贷之家整理)

从珠三角五城市来看，深圳的平台贷款余额下降最多，从 2017 年末的 1502.09 亿元下降为 2018 年末的 860.53 亿元（见图 5.14）。

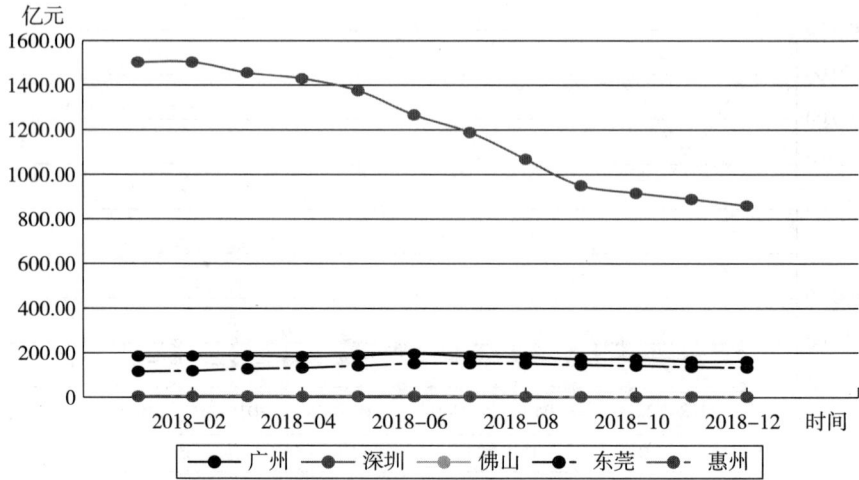

图 5.14   2018 年珠三角五城市平台贷款余额

（资料来源：课题组、网贷之家整理）

（三）综合收益率稳中有降

2018 年末，平台综合收益率（金额加权平均投资利率）为 10.71%，比 2017 年末的 11.11% 略有下降。从 2018 年全年来看，平台综合收益率在网贷平台爆雷的高峰期最高达到 11.93%，随后呈现下降态势。至 2019 年 12 月，综合收益率已降至 8.79%（见图 5.15）。

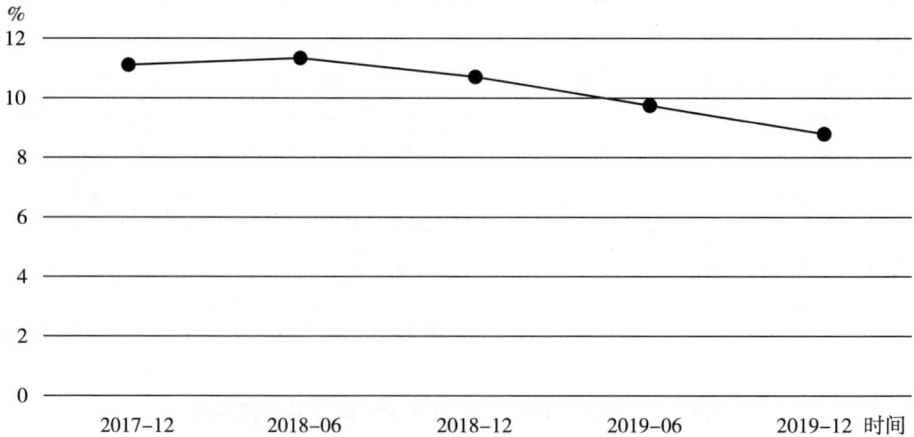

图 5.15   2018—2019 年粤港澳大湾区平台综合收益率

（资料来源：课题组、网贷之家整理）

从珠三角五城市来看，各城市平台综合收益率波动基本保持一致，呈现略有下降趋势（见图5.16）。

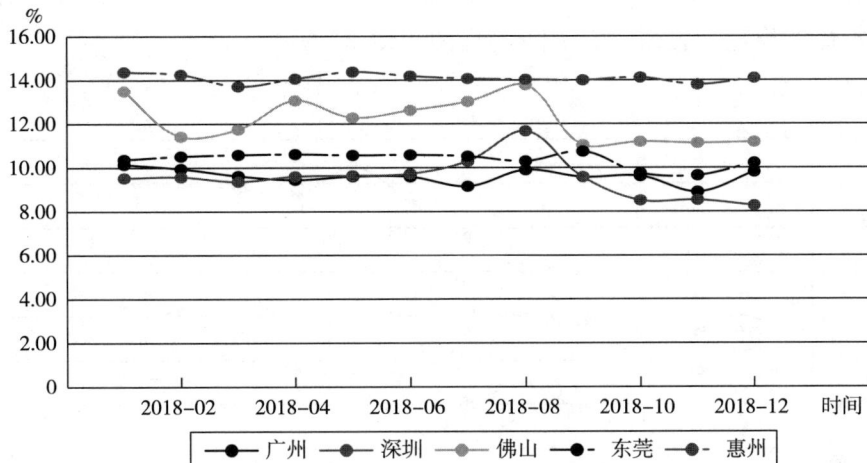

图5.16　2018年珠三角五城市平台综合收益率

（资料来源：课题组、网贷之家整理）

（四）平均借款期限略有上升

从2018年初至2018年末，大湾区平台平均借款期限（金额加权平均期限）呈现缓慢增长之势。2017年末，平均借款期限为7.66个月，2018年末上升到9.28个月。2019年12月末升至约11.20个月（见图5.17）。

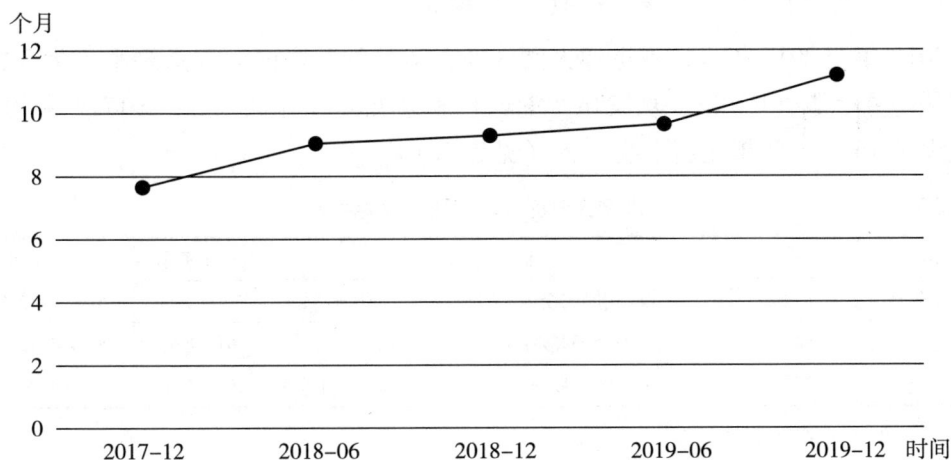

图5.17　2018—2019年粤港澳大湾区平台平均借款期限

（资料来源：课题组、网贷之家整理）

但是分析大湾区各城市则发现，平台平均借款期限变化呈现差异，广州、深圳、东莞三市平均借款期限呈现上升之势，广州平均借款期限上升幅度最大，从2017 年末的 8.73 个月上升至 2018 年末的 14.26 个月，借款风险有增加的态势。佛山基本保持稳定，惠州较有下降（见图5.18）。

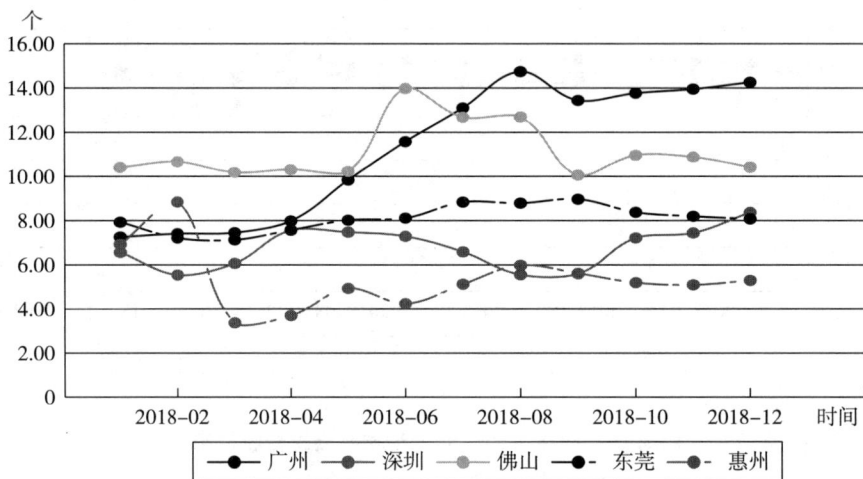

图5.18　2018 年粤港澳大湾区五城市平台平均借款期限

（资料来源：课题组、网贷之家整理）

三、互联网股权众筹发展

（一）互联网股权众筹发展处于萎缩状态

2018 年至 2019 年末，粤港澳大湾区尚在运营的互联网股权众筹平台为 3 家，分别是零壹金服（广州）、众投邦（深圳）和第五创（深圳），比 2017 年末的 19 家减少了 16 家，两年无新上线平台（见表5.10）。

表5.10　　　　　粤港澳大湾区互联网股权众筹平台

平台名称	注册地	业务范围	注册资本	上线时间
零壹金服	广州	互联网股权众筹、股权投资、加速器	2200 万元	2014 年 12 月
众投邦	深圳	互联网股权众筹、股权投资	640 万元	2014 年 12 月
第五创	深圳	股权众筹、收益权众筹、消费权众筹、农业众筹	867 万元	2015 年 8 月

资料来源：课题组整理。

2017 年，粤港澳大湾区股权众筹成功项目 80 项，筹款金额 134848 万元，较2016 年末分别降低 68.87% 和 5.41%。2018 年股权众筹成功项目数与筹款金额进一步下降，股权众筹成功项目为 45 项，筹款金额为 42962.5 万元（见图5.19）。

2018 年，股权众筹项目平均筹款期也不断延长，参与股权众筹的投资者全年约 4000 人，有平台出现多个月没有股权众筹项目推出的情况。2019 年，粤港澳大湾区互联网股权众筹发展持续处于萎缩状态。

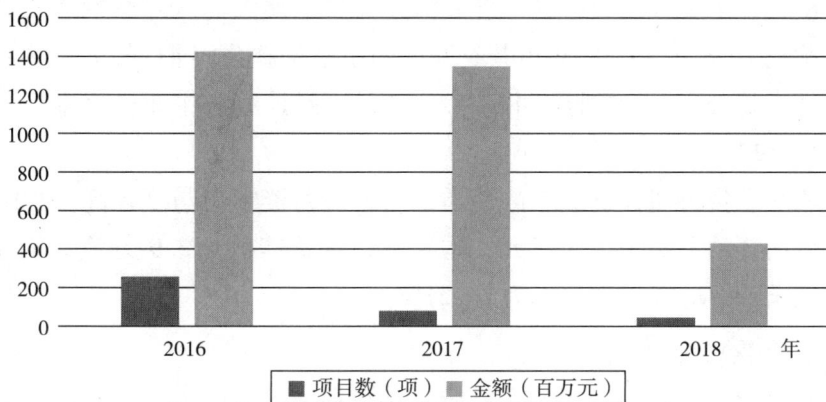

图 5.19　2016—2018 年粤港澳大湾区股权众筹项目数与筹款金额

(资料来源：课题组整理)

(二) 监管政策不明确与平台自身不足制约行业发展

互联网股权众筹监管政策的不明确与平台自身不足是制约行业发展的重要原因。目前，关于互联网股权众筹融资的相关政策大多出台于 2015 年和 2016 年，自 2017 年以来几乎没有出台相关监管政策，监管政策的不明确影响了市场主体参与，制约了行业发展。2018 年以来《股权众筹试点管理办法》已连续两年列入证监会立法工作计划，准备先行开展股权众筹试点，建立小额投融资制度，缓解小微初创企业的融资难题，推动创新创业高质量发展。

从互联网股权众筹平台自身而言，也存在平台商业模式亟待突破的问题。如何认定互联网股权众筹的合格投资者，选择何种项目进入平台，平台的价值在何处体现，如何在把控风险的同时又做到盈利，如何披露风险、互联网股权众筹行业如何自律等，都是平台和监管者需要共同贡献智慧去解决的问题。

(三) 互联网众筹平台在寻找新的发展方向

从 2018 年看，互联网众筹企业也不断在寻找新的发展方向。粤港澳大湾区的 3 家互联网股权众筹平台中，有 2 家已经采用了线下与线上相结合的方法，线下具有私募股权基金管理人的资格，可以非公开推荐，线上也可进行相关的展示。此外，专注某个细分行业，也是可探索的发展方向。例如，2018 年第五创推出的众筹项目大多集中在酒店、餐饮等服务行业；而零壹金服就推出了"零壹爱儿加"，专注于儿童教育实体领域投资，众投邦则定义为专业的新兴产业金融科技服务平台。

四、互联网小贷发展

互联网小贷公司依托互联网场景，借助人工智能、大数据风控等金融科技，创新信贷模式，拓展普惠金融的广度和深度。粤港澳大湾区互联网小贷公司集中于广州，截至 2018 年末，广州市共有互联网小额贷款公司 41 家（2018 年无新设互联网小额贷款公司），注册资本 148.3 亿元，累计服务中小微企业、农户、个体户超 100 万户。

从互联网小贷公司控股股东的性质来看，民营资本参与度较高。2018 年，互联网小贷公司贷款余额 137.5 亿元，本年累计贷款笔数 693.9 万笔，累计放贷金额 414.2 亿元，平均贷款年利率为 14.21%。

（一）开展风险整治

根据《关于印发小额贷款公司网络小额贷款业务风险专项整治实施方案的通知》《关于规范整顿"现金贷"业务的通知》《关于印发〈广东省小额贷款公司网络小额贷款业务风险专项整治分类处置工作方案〉的通知》要求，从 2018 年 1 月开始，广州市有序稳妥推进互联网小额贷款公司整治验收工作，化解重点领域风险隐患并进行分类处置。2019 年初，38 家已开业（另有 3 家未开业）的网络小额贷款公司中，合格 32 家、6 家继续整改，3 家未开业的建议筹备完成后开业，总体情况良好，无重大风险隐患。

（二）金融标准化探索取得新进展

2018 年，广东省民间金融标准化技术委员会正式获批筹建，国家市场监督管理总局和中国国家标准化管理委员会正式发布《民间金融资产评价指标分类》（标准号：GB/T 36379—2018），完成了广东省地方标准《互联网小额贷款公司监管信息管理规范》《互联网小额贷款公司运营信息管理规范》草案，报广东省质监局审核。

（三）优质企业经营面临两大难题

目前，优质的互联网小额贷款公司在经营上面临融资渠道与经营范围受限、经营成本上升两大难题。广东省内小额贷款公司融资渠道为银行（不超过 2 家）和小额再贷款公司。因银行对民间借贷的授信从紧，能从银行获取融资的小贷公司寥寥无几，两家金融机构也不能满足小贷公司一倍的融资杠杆的全部需求；小额再贷款机构的资金成本过高，大部分小贷公司无法承受。互联网小额贷款公司经营范围仅限小额贷款和财务咨询，票据贴现、受托贷款等业务范围均未放开。从经营成本上看，征信等贷前调查、贷后管理费用在小贷公司营业支出管理费用中占比越来越高，随着互联网小贷公司的业务量增长，其在征信上的费用支出也大幅增加。因此对于拓宽其征集信用信息的渠道有强烈需求。

第三节 金融科技企业加快发展

一、互联技术企业发展

（一）移动互联技术企业

5G 使移动互联技术从一项对个人通信具有变革性影响的技术演进为真正通用技术。在 5G 技术发展方面，粤港澳大湾区的华为、中兴通讯两家公司占据全球产业链的重要地位。华为（4024 件）和中兴通讯（2965 件）分别位列全球 5G 企业专利数量第一和第二。其中，在 5G 领域的所有专利中，华为约占 10%；中兴通讯连续八年国际专利申请量位居全球前三，5G 战略布局专利全球超过 1700 件。2019 年 1 月，华为"5G 刀片式基站"凭借创新性采用统一模块化设计等技术突破，获得 2018 年度国家科学技术进步奖一等奖。《粤港澳大湾区发展规划纲要》提出要在粤港澳大湾区培育 5G 和移动互联网重大产业项目，《广东省培育世界级电子信息产业集群行动计划（2019—2022 年）（征求意见稿）》提出"将粤港澳大湾区打造成万亿级 5G 产业集聚区"，一条集研发、生产、应用为一体的完整 5G 产业链已初见雏形。目前 5G 金融应用多数处于探索、试验阶段，距离真正成熟与商用还需要时间。华为云已推出了 5G 智慧银行营业厅解决方案，尝试基于 5G 高带宽、低时延的特点，实现 VR、8K 高清视频等应用，实现 5G 在银行网点的应用。

（二）物联网行业

物联网发展方面，大湾区的腾讯、中兴通讯、华为等企业也走在国内前列。腾讯推出了 QQ 物联，通过 QQ 物联智能硬件开放平台帮助传统行业实现互联网化，并结合云计算提出了十多个物联垂直解决方案。中兴通讯提供物联网终端芯片、轻量级操作系统 SmartOS、物联网 PaaS 平台、大数据分析平台、物联网安全平台、各种物联网有线/无线接入技术，率先完成严格遵循 NB－IoT 标准协议的技术验证演示。华为 2015 年公开了物联网战略，2016 年正式向全球发展端到端 NB－IoT 解决方案，2019 年正式公布了基于物联网而开发的鸿蒙系统。基于物联网的金融应用已成为一个关注热点，金融机构可以利用物联网技术监控物流信息、抵押物的实时状况，及时了解供应链上下游企业的经营状况，解决金融中风控和监督的难题，目前在大宗商品融资、车辆质押融资已有初步尝试。

二、分布式技术企业发展

（一）云计算企业

1. 云计算行业参与者众多。自 2006 年 AWS 云服务首次面世后，云计算行业已逐渐发展壮大。粤港澳大湾区众多企业进军云计算行业，按行业背景可划分为互联网企业、硬件企业和信息技术企业三类。

互联网企业腾讯在 QQ 的发展过程中累积了大量的基础设施能力，构建了大面积的基础设施数据中心，并部署了大量的软件和硬件解决方案，腾讯云将之整合并面向市场。腾讯的云计算一方面，依托腾讯生态体系输出的云服务、LBS、安全和支付四大核心能力，与合作伙伴共同打造满足产业应用需求的特色行业云；另一方面，也在金融、视频、游戏、政务等垂直行业与产业伙伴合作，推动针对性的产业云化解决方案落地。2014 年 7 月，腾讯云在香港开放首个海外数据中心。截至 2019 年 8 月，腾讯云在全球 25 个地理区域内运营着 53 个可用区；在中国可用区数共 32 个，分布在 7 个地理区域。

硬件企业华为于 2015 年发布公有云服务。2017 年 3 月成立了公有云事业部，并成为亚洲首家 OpenStack 白金会员及白金董事。截至 2019 年 8 月，华为云已上线 180＋云服务，以及制造、医疗、电商、车联网、SAP、HPC、IOT 等 180＋解决方案。2019 年 8 月 2 日，全球权威咨询机构 IDC 正式发布《2019 年第一季度中国公有云服务市场跟踪报告》。报告显示，从 IaaS＋PaaS 整体市场份额来看华为云营收增长超过 300％，华为云 PaaS 市场份额增速接近 700％，在增速前五大厂商中排名第一，位居中国公有云服务商第一阵营。

信息技术企业利用自身先进的 IT 信息技术解决方案和资源优势，开展云服务。金蝶 2012 年开始转型发展云计算，主要的产品为财务云、供应链云、制造云、全渠道云、移动办公云和餐饮云六大类服务。根据 IDC 2018 年报告，金蝶连续两年蝉联 SaaS 市场第一。金融 IT 企业长亮科技和腾讯合作打造智能金融云平台，该平台针对持牌金融机构提供行业云方案。通过该平台，长亮科技将整合腾讯云的云计算、大数据等平台能力，提供客户所需的金融软件等解决方案及服务。

2. 技术创新能力不断增加。据中国信通院《云计算白皮书（2016）》统计，中国专利申请在服务器虚拟化、存储虚拟化、网络虚拟化三个方向上比较同步，2011 年进入快速增长期，近十年虚拟化技术专利申请占全球比重超过三分之一。

Gartner 发布了全球内容分发网络（Content Delivery Network，CDN）行业报告，对全球 CDN 服务商进行了综合测评。腾讯云 CDN 在页面加速能力、电子金融方案、流媒体支持能力、内容管理能力四项核心性能指标上表现优异。

3. 金融机构上云踊跃。目前，粤港澳大湾区主要金融机构都在建设企业级云平台，探索信息基础设施架构从集中式向分布式转变，并取得了显著成绩。微众银行的全部业务系统都部署在云端，采用腾讯云作为其 FinTech 的底层技术支撑，共同设计构建了分布式金融系统的基础平台。平安云形成了三地六中心的云数据中心布局，涵盖了平安集团 90% 以上的业务，支撑了 80% 以上的业务系统投产。招商证券利用混合云架构实现了系统弹性与数据安全。

（二）区块链企业

1. 区块链产业链基本形成。粤港澳大湾区已基本形成从上游的硬件制造、平台服务，到下游的产业技术应用服务，到保障产业发展的行业投融资、媒体等完整的区块链产业链。广州市和深圳市是区块链产业发展的重点城市，广州初步构建"一基地四平台"的区块链产业布局，背靠深圳及周边强大的制造业基础设施，深圳已成为全球最大的区块链硬件设备生产地。腾讯区块链 BaaS 开放平台，定位于企业级区块链基础服务平台，帮助客户从业务的角度理解区块链，专注于帮助企业快速搭建上层区块链应用场景。微众银行自 2015 年开始投入资源探索区块链技术，目前已研发了两大区块链开源底层平台。其一是联合万向区块链与矩阵元共同推出企业级联盟链底层平台 BCOS，并在 2017 年 7 月完全开源。其二又联合金链盟开源工作组的多家机构共同研发并开源了 BCOS 的金融分支版本——FISCO BCOS。

2. 区块链概念滥用的风险得到有效控制。首次币发行（Initial Coin Offering，ICO）本质上是区块链初创项目的融资工具，通常为早期投资者通过向 ICO 项目发起人支付比特币或以太币等主流虚拟货币，获得项目发起方基于区块链技术初始产生的加密数字代币。国家互联网金融安全技术专家委员会发布的《2017 年上半年国内 ICO 发展情况报告》指出，一些 ICO 项目因早期天使融资失败，而转向 ICO 融资模式。因此，这些 ICO 项目风险均非常高，甚至涉及传销、欺诈。2017 年 9 月，人民银行等七部门联合发布《关于防范代币发行融资风险的公告》，明确代币发行融资本质上是一种未经批准非法公开融资的行为，涉嫌非法发售代币票券、非法发行证券以及非法集资、金融诈骗、传销等违法犯罪活动。并要求各类代币发行融资活动应当立即停止。已完成代币发行融资的组织和个人应当做出清退等安排。2018 年，ICO 的全面禁止有效地控制了风险，保护了民众的利益，并杜绝了基于此的群体性事件。

3. 区块链在金融领域开始应用探索。根据区块链技术的特点，适用"多方共享""高频重复""交易链条长"的金融业务。目前，区块链在贸易金融、供应链金融、支付清算、数据票据等方面已经开始应用。在微众银行联合金链盟开源工作组的多家机构开发的 FISCO BCOS 平台上，已有数十家企业就供应链、票据、数据共享、资产证券化、征信、场外股权市场等场景进行实践。2018 年 2 月，平安金融壹账通也推出了其区块链方案——壹账链。2017 年末，招商银行联手永隆银行、永隆银行深圳分行，实现了区块链跨境人民币汇款。2018 年，招商银行建立了"粤港澳大湾区贸易金融区块链平台"和"基于区块链的产业互联网协作平台"。

在政府层面，2018 年 9 月 4 日，中国人民银行贸易金融区块链平台在深圳上线，该平台基于人民银行数字货币研究所自主研发的区块链底层技术，可以实现各跨境贸易主体之间的信息可穿透、信任可传递及信息可共享的功能，涉及供应链应收账款多级融资、跨境融资、国际贸易账款监管、对外支付税务备案表四大应用场景。截至 2019 年 10 月末，深圳已有 29 家银行、485 家网点接入，发生业务的企业 1898 家，实现业务上链 3 万余笔，业务发生笔数 5000 余笔，业务量约合 750 亿元。2018 年 10 月，香港金融管理局基于平安金融查账通 FMAX 底层框架推出区块链贸易融资技术平台"贸易联动"，该平台主要包含数字化贸易文件、信息加密技术、基于智能合约的流程自动化三方面功能。2019 年 11 月，中国人民银行数字货币研究所与香港贸易融资平台有限公司签署了《关于两地贸易金融平台的合作备忘录》，正式启动两平台的"互联互通"工作。

三、大数据企业发展

（一）行业龙头占据主要数据源

数据源是大数据产业发展的基础，主要集中在政府管理部门、互联网巨头、移动通信企业等手中。粤港澳大湾区众多的大数据企业中，腾讯和平安两大行业龙头在企业业务布局的各个方向拥有大量用户，拥有巨量的数据，企业对这些数据进行采集并进行分析，用于支撑其自身业务发展，来获取更多的经济效益。腾讯是中国最大的社交平台和最大的游戏研发及运营公司，从 2009 年开始，腾讯大数据经历了三个阶段的发展：2009—2011 年为离线计算时代，2012—2014 年为实时计算时代，2015 年至今为机器学习时代。腾讯基于 QQ 和微信两个中国最大的用户平台合计 18.13 亿 MAU，构建起包含社交、游戏、内容、广告、金融等丰富的产品线，形成了包含社交数据，游戏数据，交易数据，定位数据等海量数据，并提供了大数据平台、大数据工具和大数据分析三大类产品。中国平安涵盖了以保险为主的全部金融领域，并正在拓展医疗健康等生活领域，致力于构建金融、医疗、房产和汽车四大生态圈。公司围绕"医、食、住、行"中与金融相关的领域，提供丰富的产品和服务，构建产品和客户渠道上具有优势，截至 2019 年末，集团个人客户总量突破 2 亿，其中持有多家子公司合同客户数占比达 36.8%，与此同时，互联网用户规模达到 5.16 亿，大数据平台数据规模超过 8PB，单个用户数据标签 2 万个。

（二）信息软件企业依托技术优势布局大数据应用

信息软件企业早期主营业务是软件和信息服务，具有信息技术的优势，早期为金融机构提供金融 IT 服务，随着金融科技的发展，这些企业也从单纯卖软件产品到进行大数据应用开发，将技术、数据资产与应用场景结合，为金融机构提供多样化的增值服务。粤港澳大湾区从事金融大数据业务的信息软件企业主要有金证股份、天源迪科、银之杰、新国都、浩云科技、深信服、奥马电器等。

金证股份初期是专注于金融信息化软件与服务领域，后来开始基金、银行等信息化产品，2013 年余额宝项目的成功，赢得了微信理财通等大量互联网金融项目，获得了大量基金公司、资管行业的总包合同，形成了证券、基金、银行、保险、信托、交易所等多类机构的"软件 + 服务"产品线。在 IT 平台上可以借助金融机构和互联网企业积累的海量用户数据，对用户进行精准的数据分析，并进行监管报送。2017 年金证股份全面推广资管报送、股票质押报送系统，目前与金证股份合作的证券公司客户数达到 60 家。

天源迪科 2015 年成立大数据业务中心，与华为、阿里巴巴合作，在电信、公安大数据上占有优势。2017 年并购的子公司维尔贝特在金融行业有良好的客户基础，针对金融业风险控制，将大数据引入风险控制，整合运营商、政府、公安、保险等行业客户的数据资源，为金融机构提供风险控制方案。

新国都早期是从事金融 POS 终端的研发与销售，长期经营支付产业链，积累了庞大的客户资源和大量的数据，2015 年投资设立了深圳市信联征信有限公司，开展企业征信等相关业务，2016 年收购了长沙公信诚丰信息技术服务有限公司，加强了公司数据端分析处理的相关技术能力。

（三）金融大数据应用普及

金融机构既是大数据的重要生产者，也是主要应用者，行业将进入"数据为王"的新时代。受互联网金融推动的影响，金融行业大数据迅速发展。根据《2016 年中国大数据交易产业白皮书》数据，2017 年金融行业大数据应用市场规模为 160.5 亿元，预计 2020 年将达到 1362.5 亿元，2014—2020 年复合增长率预计将高达 140.2%。目前，粤港澳大湾区内的先进金融机构已建立了生产业务和数据分析深度融合的系统，数据共享和集成水平较高，并建立了与需求相匹配的数据应用工具，数据应用在金融行业全面普及，被全面运用于反欺诈、客户画像、精准营销、风险监控、运营优化和市场预测等方面。

（四）数据安全日益受到重视

随着大数据应用的深入发展，数据安全问题日益受到重视，已上升为关系到个人安全、金融安全、社会安全和国家安全的关键问题。由于大数据具有体量巨大、价值稀疏、类型多样、分布协同等特征，数据从产生到销毁要历经采集、存储、传输、使用等多个环节，并且涉及数据生产者、消费者等多个主体，因此数据安全面临立法、确权、安全保护等多方面的挑战。进入 2019 年以来，国家监管部门对一些互联网机构以"大数据"为名，通过"爬虫"业务涉嫌违法违规收集个人信息，或窃取、滥用、买卖、泄露个人信息，侵犯消费者个人隐私进行了整治。对此，2019 年 11 月，中国互联网金融协会向其会员单位下发了《关于增强个人信息保护意识依法开展业务的通知》，要求不与违规收集和使用个人信息的第三方开展数据合作，不滥用、非法买卖和泄露消费者个人信息。

四、人工智能企业发展

（一）人工智能产业集聚在香港、深圳、广州

粤港澳大湾区人工智能产业竞争力较强，创新创业环境优良、坚实的产业和技术基础是大湾区人工智能产业发展的重要基石，大湾区有望成为全国人工智能创新高地。据鲸准研究院《人工智能行业应用价值报告》统计，大湾区人工智能企业位列全国第三，达 400 多家。人工智能企业高度依赖一线城市的教育及经济资源，大湾区人工智能产业主要集中于香港、深圳与广州，各有所长且优势互补。香港诸多的科研机构，在人工智能研究中具有领先地位。人工智能独角兽企业商汤科技就是香港中文大学的研究人员创建的，并于 2018 年 4 月、5 月分别进行了 C 轮和 C + 轮融资。深圳人工智能发展拥有中国平安、腾讯等诸多核心企业和众多的创新企业。广州信息科技发展迅速，通过引入和培育人工智能企业也迅速建立起其人工智能领域的优势。

（二）人工智能创业企业活跃

粤港澳大湾区人工智能创业活跃，在基础层的芯片企业有耐能人工智能等，在技术层有云从科技、码隆科技，在应用层有广东铂亚、广州极天、广州索答、

阿尔妮塔、第四范式、飞蝉智投、深圳祥云等。耐能人工智能是轻量级人工智能芯片研发商，主推移动终端设备上的便携式人工智能系统，在 2017 年 11 月 A 轮融资中获得阿里巴巴领投超千万美元。云从科技 2015 年在广州成立，作为人脸识别国家标准起草与制定企业，拥有多项自主知识产权的人工智能算法，在虹膜识别、声纹识别、语音识别、指静脉识别、指纹识别、活体检测、正规人脸识别等方面有多项著作权和专利权。云从科技与兴业数金将合作，把人工智能技术应用到 311 家银行，超过 4.36 万个网点，提供用户身份安全、业务安全、资金安全等安全验证服务。码隆科技，2014 年成立于深圳，深度学习与计算机视觉技术，2017 年获得软银中国领投的 2.2 亿元 B 轮融资，2015 年获中国大数据峰会大数据大赛全国冠军，2016 年与清华大学成立人工智能联合实验室，2017 年 WebVision 全球图像识别挑战赛冠军，具有较强的技术实力。

（三）核心企业积极布局人工智能

核心企业凭借自身优势，积极布局人工智能领域，主要集中在应用层，技术层局部有所突破。腾讯 2012 年成立优图实验室，专注图像处理、模式识别、机器学习等领域的技术开发，2016 年成立 AI Lab（人工智能实验室），开始进行内容、游戏、社交和平台工具型 AI 等应用探索并推出了云搜、文智、优图等行业解决方案。中国平安旗下平安科技深度学习团队推出了智能闪赔、平安声纹、平安票据光学字符识别（OCR）、平安语音识别、平安语音合成、问答和物理机器人、平安医疗影像等众多人工智能领域的产品。科大讯飞是亚太地区最大的智能语音与人工智能上市公司，2015 年在广州设立华南总部，2017 年与广东省人民政府签署战略合作协议，推动人工智能产业发展。佳都科技于 2015 年 4 月投资广州云从信息科技有限公司，致力于人工智能技术的产业化。

（四）人工智能在金融行业应用形成突破

人工智能在金融行业以下领域的应用开始形成突破：一是智能获客，依托大数据，运用机器学习方法，对金融用户进行画像。二是身份识别，通过人脸识别、声纹识别、指静脉识别等生物识别手段，再加上各类票据、身份证、银行卡等证件票据的 OCR 识别等技术手段，对用户身份进行验证，大幅降低核验成本，提高安全性。三是智能客服，基于自然语言处理能力和语音识别能力，拓展客服领域的深度和广度。四是智能投顾，基于大数据和算法能力，对用户与资产信息进行标签化，匹配用户与资产。五是智能风控，智能风控将人工智能与大数据技术结合，通过对用户交易行为、社交关系等多维度数据进行综合评判，从而得出最终评估结果。

五、信息安全企业发展

（一）金融信息安全需求迅猛增长

我国信息安全行业正处于快速成长期，2018 年我国网络安全产业规模达到495.2 亿元，预计未来十年产业规模将快速扩大。信息安全对于金融行业至关重要，据赛门铁克《2017 金融威胁白皮书》，中国是遭遇金融木马攻击的主要国家，针对移动端的攻击呈现出增长趋势；而且金融领域作为国家重要行业，也应该加强信息安全的国产化建设。2019 年 12 月 1 日，等保 2.0 相关的《信息安全技术网络安全等级保护基本要求》（GB/T 22239—2019）、《信息安全技术网络安全等级保护测评要求》（GB/T 28448—2019）等国家标准开始实施，对信息安全系统提出了更高的要求。在中国金融业逐步开放、金融科技蓬勃发展的背景下，金融行业信息化市场规模将持续增加，金融信息安全需求也将迅猛增长。

（二）大湾区信息安全企业发展态势向好

粤港澳大湾区主要的信息安全企业有中兴通讯、华为技术、蓝盾股份、任子行、深信服等，其中中兴通讯、蓝盾股份、任子行、深信服为上市企业。从上市企业营收情况规模看，在市场需求激增的影响下，3 家上市信息安全企业 2018 年总营收达到 67.08 亿元。2019 年，除深信服外，其他两家营业收入均出现下滑。2015—2019 年营收及增长情况如图 5.20 所示。

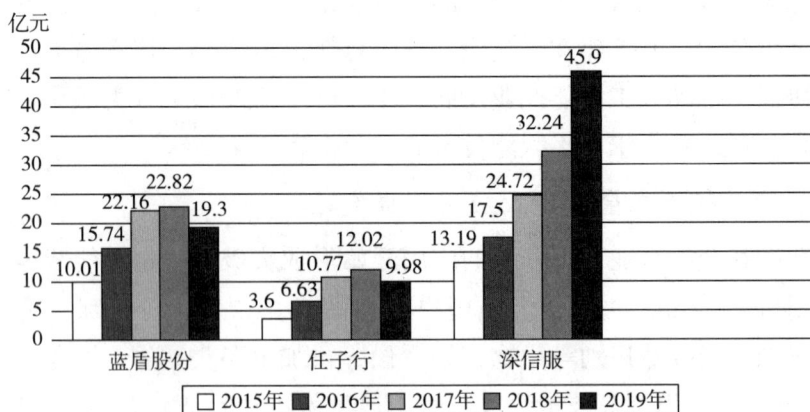

图 5.20　2015—2019 年三家信息安全企业营收对比

（资料来源：课题组整理）

在净利润方面，3 家上市信息安全企业 2018 年总净利润为 12.59 亿元。2015—2019 年净利润及增长情况如图 5.21 所示。

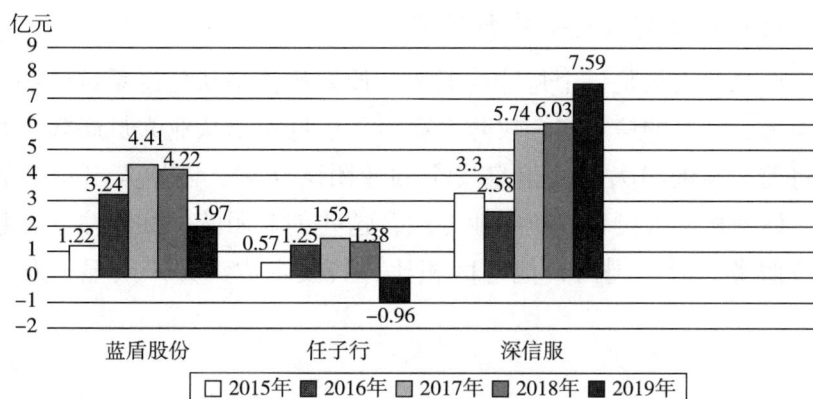

图5.21　2015—2019年三家信息安全企业净利润对比

（资料来源：课题组整理）

（三）互联网企业强化信息安全能力

大型互联网企业也通过自建、并购、合作强化其信息安全能力，并对外输出。腾讯公司2014年成立了信息安全研究部门"玄武实验室"，投资KeenTeem和知道创宇，通过鹰眼系统建立与中国联通合作，并与启明星辰达成战略合作，推出面向企业市场的终端安全解决方案。目前腾讯安全联合实验室涵盖科恩实验室、玄武实验室、湛泸实验室、云鼎实验室、反病毒实验室、反欺诈实验室和移动安全实验室，专注安全技术研究及安全攻防体系搭建，安全防范和保障范围涵盖了连接、系统、应用、信息、设备、云六大互联网关键领域（见表5.11）。

表5.11　　　　　　　　　　　腾讯七大实验室

名称	主要方向
科恩实验室	专注于国际范围内主流操作系统、互联网和移动互联网应用、云计算技术及物联网设备的前沿安全攻防技术研究
玄武实验室	发现影响整个条码阅读器行业二十年的严重安全漏洞，实现通过发射激光入侵系统
湛泸实验室	实现了数据通道、利用SEH异常链表和DVE（数据虚拟执行）等漏洞攻防技术
云鼎实验室	关注腾讯云安全体系建设，专注于云上网络环境的攻防研究和安全运营，以及基于机器学习等前沿技术理念打造云安全产品
反病毒实验室	自主研发的TAV杀毒引擎已获得国际七大著名第三方测评机构认证。实验室旗下的哈勃分析系统，可有效识别恶意样本
反诈骗实验室	实验室包含三大反诈骗利器：反电信网络诈骗专家智库、腾讯安全云库、鹰眼智能反电话诈骗盒子
移动安全实验室	通过终端安全平台、网络安全平台和硬件安全平台为移动产业打造云管端全方位的安全解决方案

资料来源：课题组整理。

（四）信息安全创业企业有待培育

信息安全从业人员是一个特殊的群体，他们往往是从信息系统的漏洞、缺陷的角度去思考，众多的信息安全攻防大赛给了信息安全从业人员崭露头角和创业的机会。目前，粤港澳大湾区信息安全创业团队众多，创始人出身多为开发人员、黑客、研究机构人员和安全行业专家，这些创业团队往往专注于信息安全的一种产品或服务，但与国内其他地区相比，其技术优势并不明显，发展也有待培育。

第六章　粤港澳大湾区
金融科技发展前景展望

第一节　粤港澳大湾区金融科技发展目标

一、建设金融科技创新中心

从全球范围来看,科技创新中心的形成与发展并不是均衡分布的,而是具有地理空间上的集聚性,往往集中于那些创新要素集聚的区域,全球科技创新中心一般具有如下特征。

第一,发达的经济发展水平。科技创新中心往往是所在国家或所处区域的经济中心。发达的经济意味着完善的产业结构体系和市场环境,既产生了科技创新的供给,也催生了对科技创新的需求,有利于形成将研究机构、企业、科技与市场等创新要素之间良性互动的创新生态系统。例如,当硅谷的创新者或创业者提出一个好的创意时,市场上便有大量分工精细、专业高效的各类第三方机构能够提供从融资到财务管理、法律咨询、公司上市及资本退出等一系列专业化服务。

第二,大学、科研机构集聚,高素质、多样性的科技研发人才众多。以大学和科研机构为代表的科研实力是国家创新体系的关键因素,其极大地推动了所处区域的知识生产、技术商业化以及创新扩散。以美国硅谷为例,拥有斯坦福、加州伯克利分校等十余所大学和9所专科学校及33所技工学校,美国的航空航天局艾姆斯研究中心、能源部劳伦斯·利弗莫尔国家实验室等数十家国家级研究中心。

第三,"宜居"的生态环境。多数国际科技创新中心不仅拥有良好的自然生态环境,而且居住生活、商业购物、休闲娱乐、公共交流、医疗卫生等城市功能设施俱全，为高端人才提供生活的便利性、宜居性。比如，纽约在愿景规划中提出"更加绿色的纽约"这一主题，东京同样把绿色、活力、宜居视为未来发展战略导向。

第四，宽容、开放的创新环境。这样的创新环境意味着推崇创业、宽容失败、鼓励冒险的社会文化观念与自由宽松的人才流动机制。实践表明，开放的科技创新中心有利于集聚创新要素，因而开放力度越大，就越容易取得成功。美国硅谷的科研技术人员中包括诺贝尔奖获得者、工程师、科学家、企业家、投资家以及专业金融和法律服务人员，也包括技术移民人口。硅谷也鼓励和支持高校、研究机构和企业之间创新资源相互开放。

第五，政府支持。在科技创新中心的建立与发展过程中离不开政府支持。一般地，政府会在税收、补贴贷款等方面给予优惠，或者出台指向鲜明的法律法规，或者促进科技与资本之间的良性互动。比如，筑波在科技创新过程中制定了大量优惠政策，并通过立法形式予以保障。从筑波诞生起的每一阶段，日本政府都有相应的专门规划，从法律层面就有1970年的《筑波科学城建设法》、1971年的《筑波科学城建设规划大纲》，以及1983年的《高技术工业集聚地区开发促进法》等，政府强有力的支持直接推动着筑波的发展。

从全球科技创新中心的发展脉络来看，只有少数顶级科技中心才具有科技上的绝对竞争优势，大多数国家都是走"科技＋市场"的道路。从粤港澳大湾区基础条件看，这里有世界级的制造业基础、新兴成长中的高技术产业、高端生产服务业集聚区和金融创新中心，具备成为全球金融科技创新中心的基本素质，有可能形成具有世界影响力的金融科技创新集群，建设整合金融创新和技术创新的世界级金融科技创新中心。

二、建设金融科技实验区

金融科技发展为金融发展流入新动力，但也带来了新的风险。粤港澳大湾区进行金融科技创新，一定会对中国金融体系和金融发展带来新的冲击和风险。为了防止大湾区金融科技应用给中国金融体系带来系统性风险，可以通过建设金融科技实验区的方式，借鉴监管沙盒的理念与方法，在大湾区与中国内地金融体系之间通过制度、技术的方式和手段建立起相对隔离的措施。这有利于大湾区大胆进行金融科技试验，又可防止金融科技创新对中国其他地区金融体系带来难以控制的风险，并可以为全国的金融改革创新提供经验和示范。

在粤港澳大湾区建设具有国际深度金融科技实验区也具有可行性。第一，区位优势的可行性。某个产业的发展既与各生产要素的共同努力有关，也与地区的综合资源优势有关。粤港澳大湾区在国家的经济发展中具有核心地位，也是国际合作的重要中心。独特的区位优势为建设融科技试验区提供了可行性。这种区位优势既为金融科技的内外交流提供了极大的便利，同时也为金融科技的应用提供了丰富的市场需求。第二，政策的可行性。《粤港澳大湾区发展规划纲要》指出，大湾区应坚持新发展理念，充分认识和利用"一国两制"制度优势、港澳地区独特优势和广东改革开放先行先试优势，解放思想、大胆探索，不断深化粤港澳地区互利合作，进一步建立互利共赢的区域合作关系，推动区域经济协同发展，为港澳地区发展注入新动能，为全国推进供给侧结构性改革、实施创新驱动发展战略、构建开放型经济新体制提供支撑，建设富有活力和国际竞争力的一流湾区和世界级城市群，打造高质量发展的典范。第三，发展基础的可行性。一方面，珠三角九城市在一系列金融科技的关键核心技术发展方面具有一定的基础。比如，中国人工智能发展已经形成以北京、上海、广州、深圳为第一梯队的战略格局。考虑到金融科技创新需要较长的周期进行积累，因而，珠三角九城市在金融科技方面的成效将成为金融科技实验区的坚实的发展基础。另一方面，大湾区内部金融科技的发展各有特色，具有优势互补的可行性。作为国际商贸中心，广州金融科技发展基础良好，拥有国家级中央商务区——天河 CBD、广州民间金融街、广州金融创新服务区等金融功能区，金融科技企业分布集聚效应明显。深圳在金融科技创新方面具有独特优势，其金融科技企业主要分布在南山区和福田区。南山区作为深圳大学城和高新技术产业园集中地，为金融科技企业发展提供了强大的人才与技术支撑。凭借着良好的金融生态环境与政府政策支持，福田区集聚了一批技术先进、特色突出的金融科技企业。香港作为国际金融中心，截至 2019 年 4 月，共有 6 个以金融科技为主的加速器。香港科学园拥有五大科技集群和 700 多家科技企业。而数码港作为香港金融科技的大本营，已汇聚超过 250 家金融科技公司，专注于区块链、网络安全、人工智能、大数据和程式交易等应用研发，是香港最大的金融科技社群。

三、建设金融科技创新输出高地

粤港澳大湾区拥有"一带一路"独特的地理优势。世界 30% 以上的海运量、我国 70% 以上的海运量都经过南中国海。而粤港澳大湾区濒临南海，面向东南亚，是我国南方的主要经济核心区，交通位置便利。

粤港澳大湾区具有丰富的创新因子、成熟的资本市场、完备的产业体系，不仅可以成为金融科技及业务创新的港湾，而且可以将创新理念、模式与服务等延伸至"一带一路"等更为广阔的空间，成为金融科技创新与服务的输出高地。

粤港澳大湾区在金融科技创新方面已经取得一些成效，具备了模式复制、对外输出的可能性。移动支付、智能投资顾问、云计算、区块链等金融科技产业正在不断提升金融机构及工商业的营运效率。而且，比较完备的产业体系和诸多制造业企业，为金融科技在实体经济领域的应用，提供了丰富的机遇。据香港投资推广署 2018 年的统计数据，香港有超过 550 家金融科技公司，其中52% 的创始人来自海外，超过 60% 的金融科技公司将香港作为开拓全球业务的跳板。2019 年 7 月，中国平安企业成员金融壹账通宣布与菲律宾联合银行旗下公司 UBX 达成合作，将共同构建菲律宾第一个由区块链技术驱动的科技平台，以满足菲律宾国内中小微企业的融资需求。这是金融壹账通继成功开拓泰国、马来西亚、印度尼西亚等国家的合作项目之后，在东南亚地区的又一个金融科技平台服务项目。

第二节　制约粤港澳大湾区金融科技发展的问题

一、经济金融政策与制度差异需要对接和协调

与旧金山、东京等湾区不同，粤港澳是一个跨行政区划的湾区，涵盖了广东九个城市与香港、澳门两个特别行政区，呈现出"三种货币制度和不同的金融监管体系"的格局。粤港澳大湾区强调生产要素的互联互通，跨越府区的城市集群是粤港澳大湾区的优势，但同时也带来了影响人流、信息流、资金流等生产要素自由流动的经济金融政策与制度差异。

在人才方面，港澳人员在内地就业存在一些制度规定。比如，需满足《台湾香港澳门居民在内地就业管理规定》，需要获取《台港澳人员就业证》和旅行证件，需要满足地方政府的就业许可，必须持有相应的资格证明才能从事国家规定的职业（技术工种）。而且，粤港澳三地人员在税收、社保、医保等方面的待遇不同，也在一定程度上影响人才的高效流通。另外，人才的互联互通需要更加高效。尽管通关时间一直在缩短，但通关仍然是阻碍人才在大湾区内便捷流动的一大障碍。

在信息流方面，由于粤港澳三地在会计制度、企业信用信息、税收政策、金融体系等方面存在差异，这些差异对于信息质量有很大影响，加之三地之间的信息交流等服务平台相对不足，尚不能做到信息的交流、共享与准确理解。

在资金方面，港澳地区的企业、经济组织或个人到内地投资，仍然实行有关外商投资企业法律、法规及相应的程序规定，而且在行业准入方面也受到很多限

制。内地对港澳金融机构的设立、审批程序、经营业务等方面还有一些优化的空间，金融互联互通还存在一些障碍。

粤港澳大湾区的建设发展还面临区际金融监管的协调问题。从金融监管来看，香港法律源于英美法系，实行分业监管，金融监管架构由香港金融管理局、证券及期货事务监管委员会和保险业监理处分别负责监管银行业、证券和期货业及保险业，监管机构在分业监管时更注重功能监管；金融机构可以通过向监管机构申请不同的业务牌照来实现混业经营，业务牌照的划分多是基于金融功能。内地法律源于大陆法系，实行分业经营、分业监管，对于具体业务的管理更加细致和严格。

二、金融科技发展不平衡

粤港澳大湾区由于涵盖城市较多、覆盖区域较广，因而正如各城市、各行业之间经济发展水平的明显差异一样，金融科技的发展呈现不平衡特征。

第一，地区发展不平衡。根据课题组对粤港澳大湾区各城市的金融科技发展指数进行的计算，深圳、香港、广州在金融科技发展指数中的得分构成了第一梯队；佛山、东莞和珠海的得分构成了第二梯队；中山、江门、惠州、澳门、肇庆构成了第三梯队。城市排名在一定程度上反映了金融科技在地区之间的发展不平衡。深圳、香港和广州拥有优良的金融科技发展环境，经济基础雄厚，人才流动和创新创业方面优势明显，政府对金融科技的扶持力度很大。金融科技在这些一线城市得到了更为广泛的应用。一线城市已经在"数字化生活"方面取得了长足的进展，而二三线城市的金融机构和科技企业相对来说较少，因而金融科技的创新与应用也不普遍。

第二，区域差异性不明显。在区域间金融科技发展的特征方面，差异性不明显，金融科技的发展未形成各有特色的差异化竞争格局。香港的优势是顶尖大学多，科研应用强，而内地则具备丰富的应用场景，但是二者之间优势互补效应有待形成与强化。一方面，香港、广州、深圳是粤港澳大湾区的核心城市，其在科技创新方面各有优势和不足。香港集聚数量众多的全球顶级高校，且在人才、科研等软硬条件上具备突出优势，但香港科技产业发展薄弱；广州集聚丰富的高校和科研平台资源，科技创新支撑作用较强，但广州亦缺乏科技型龙头企业；深圳科技创新体系完备、创新生态优良、产业化能力突出，但还需要高质量的研究型大学以及前沿性研究平台。另一方面，港穗深三大城市在科技创新方面的合作还有待提高。香港的高校及科技服务机构与内地缺乏互动，香港的八所大学中仅香港科技大学在深圳成立研究院，其他高校与内地合作处于起步阶段；香港的金融优势对湾区科技企业发展的支撑也较弱，香港金融机构进入内地营业还有发展空间。

第三，行业发展不平衡。一方面，就金融行业的构成来讲，在传统金融机构内部，银行、证券等发展较快，而其他金融机构的发展相对来说较慢。另一方面，从金融科技来讲，随着移动互联、金融大数据技术得到广泛应用，云计算与人工智能成为热点，区块链与物联网也处在积极探索的进程当中。

第四，金融产业发展层次较低，应用层面金融科技含量较低。近年来，全球金融科技发展势头迅猛，但金融创新理论发展相对不足。在国家加强中国特色新型智库建设的大背景下，如何推进金融科技领域的实践总结、理论创新和政策研究显得尤为迫切。具体地，传统计算、网络和存储云方案已经同质化，但是上层PaaS、SaaS能力甚至是业务和商业解决方案能力欠缺。金融行业的大数据应用已经非常普遍和成熟，也取得了较为显著的应用成效，但是，描述动态关系的事件图谱比传统实体知识图谱更加重要，因而实时性要求越来越高，而且，在数据资源的整合、数据仓库的搭建和数据模型的构建方面仍面临一系列的困难。目前人工智能已经在营销、风控、支付、投顾、投研、客服等金融场景中应用，但是人工智能应用的基础是常识，因而知识图谱、业务规则补充、业务数据标注等将成为竞争力分水岭。区块链技术还未成熟到可以使用于金融领域，没有大型的金融区块链应用（非数字货币类）上线。

第五，金融业务发展不平衡。从传统的存折、实物卡片到虚拟卡，从网点服务到网络银行再到移动银行服务，零售银行由于流程相对简单，资金门槛低，客户数量多且分布分散，大量科技企业借助金融科技发展契机，积极获取金融牌照，跨界提供金融服务，因而银行零售业务的发展一直都与金融科技的发展密切相关。现在，随着人工智能、大数据等金融科技的发展，零售银行的发展从而带来了更多的选择。零售银行开始利用科技吸引客户，新兴金融产品及服务对客户的吸引力显著提升。通过跨界搭建电商、直销银行、智能投顾、P2P、生活服务等平台形成科技生态。但是，与零售业务金融科技发展较快的现状相比，产业金融和对公业务在金融科技方面发展较慢。因为相对来说，商业银行的对公业务流程更复杂，涉及金额更多，市场竞争者进入的门槛更高。

三、金融科技发展带来风险

党的十九大报告明确指出要"健全金融监管体系，守住不发生系统性金融风险的底线"。金融科技发展带来的风险主要有以下三个方面。

一是"炒概念"引发的风险。金融科技，已成为继互联网金融、普惠金融、新金融等一连串令人眼花缭乱的概念后，又一个热炒的概念。市场上各种机构打着金融科技的旗号，鱼目混珠，扰乱市场秩序。一些 P2P 网贷平台回避互联网金融身份，贴上金融科技的标签，实质还是从事原有业务。一些金融科技企业估值过高引发投资泡沫。还有一些企业假借金融科技名义实施骗局。

二是新技术应用引发的风险。随着金融科技的广泛应用，金融产业生态发生深刻变革，跨界嵌套的技术创新所带来的复杂业务模式增加了风险的管理难度。比如，金融科技使金融的风险传染性更强、波及面更广，提升了风险传导和资金损失的速度，也会使技术依赖风险和网络安全风险进一步积聚。因此，传统模式下事后的、手动的、基于传统结构性数据的监管范式已不能满足金融科技新业态的监管需求，以降低合规成本、有效防范金融风险为目标的合规科技（Regtech）和监管科技（Suptech）正在成为金融科技的重要组成部分。

三是金融科技企业自身的风险。在金融科技的高速发展下，一些企业忽视自身的经营能力和财务风险，尽管大数据智能风控技术得到了一定程度的应用，但是一些企业为了发展铤而走险违规经营，有意忽视金融风险，造成风险集中。

第三节　政策建议

一、以金融科技推动大湾区金融改革创新与融合发展

金融服务业是区域经济发展的基石，也是粤港澳大湾区融合发展的重要基石。习近平总书记指出，"金融制度是经济社会发展中重要的基础性制度""要坚定深化金融改革""建设开放型经济新体制，一个重要目的就是通过开放促进我们自身加快制度建设、法规建设，改善营商环境和创新环境，降低市场运行成本，提高运行效率，提升国际竞争力"。为建设世界一流湾区，推动大湾区金融融合发展，需要勇于金融改革创新。

金融改革创新与融合发展面临着收益与风险的平衡，金融科技的使用一方面可以降低金融改革创新的成本，提升金融改革创新与融合发展的收益，另一方面可以有效地控制金融改革创新与融合发展的风险。

利用大湾区先行先试的政策优势，在坚持"全国一盘棋"和金融中央事权原则的前提下，可赋予大湾区金融管理部门一定范围内的改革创新与融合发展检验权限，鼓励金融机构利用金融科技的手段开展跨境业务的金融创新，试行在大湾区推动基于监管科技的功能型监管，大胆探索金融体制和政策的改革创新，为全国金融改革创新和发展先行先试，探索经验。

二、对金融科技领域进行长期投资

由于金融科技在重塑金融服务领域的过程中发挥了重要作用，其投融资活动非常活跃。根据全球市场研究机构 CB Insights 的数据，中国金融科技融资总额长期位居全球前三，但近期由于加强监管导致总体融资有所下降，2019 年第一季度至第三季度融资规模均低于印度，第四季度加上金融壹账通 IPO，方高于印度。

目前，国内金融科技创新和投资主要集中在应用层面。国内金融科技企业立足个人消费与生活服务领域，关注垂直行业应用需求，有效细分目标市场，积极整合闲置资源，注重挖掘数据价值，通过商业模式的不断创新对应用层各领域进行持续渗透，着眼于增加产品的实用功能和改善用户体验。而国外科技企业及机构依赖强大的资源整合能力与持续创新功能，不断加快基础层、底层技术研发与应用产品实践步伐。基础层产业的核心技术大部分仍掌握在国外企业手中，为我国金融科技创新发展带来了不利的壁垒封锁，限制了产业整体发展。

基础层、底层技术研发其实是一种冒险，需要长期、稳定地投入，不断地探索，不断地实践，经历一定的时间和过程，才能出得来，非一朝一夕之事。因此，金融科技投资需要投资者做好长期的准备。经典公司金融理论告诉我们，企业融资来源可分为内源融资和外源融资。金融科技公司的高风险特征以及技术创新的长周期特征决定了企业的资金来源主要依靠风险投资、企业内部投入完成。

三、了解并研究金融科技的影响

从金融科技诞生之初，对于这项技术的正反两派意见就不绝于耳。金融科技的应用，提升了生产效率，帮助金融机构降低成本，比起人工操作具有非常明显的优势，因此越来越多地应用在金融服务供给中。那么，既然有了金融科技，是不是就不再需要人了？创造出这样的工具，对于人自身来说到底是好事还是坏事？

当以科学技术和金融的深层融合为基本特征的金融科技改变了信息的交换方式之后，金融的边界就会发生变化，也使得金融回归其本质问题——完善金融功能。金融科技正在对人类的生产、生活方式产生深远影响，是金融业适应信息时代所发生的一次深刻变革。

金融科技改变了金融业的服务供给模式。传统金融部门通过专业化的中间服务解决交易中的信息不对称、搜寻成本、匹配效率、交易费用、规模经济等问题，但是金融科技可以提供解决方案的效率以及风险可控。网络银行、智能投顾、线上交易、Regtech（出于合规目的的开发的金融科技应用）、信息化支撑的经济理念等金融科技的创新极大地影响了传统金融的运营模式。通过金融科技，由于可以借助电子银行来办理传统的存取款业务和转账业务，因而改变了金融系统核心业务和人员分工方式；由于可以将金融需求与各种场景进行融合，从而侧重于场景和应用体验的营销方式将更好地激发客户需求，精确定价风险。

金融科技将给监管体系带来挑战。首先，监管理念滞后于金融科技的发展，尤其是针对金融科技业的无国界竞争的跨界监管明显落后于行业发展。由于各项金融科技的创新性和成熟度不同，目前各国主要考虑并实施的是对网络融资和数字货币的监管，对具体金融科技类别的监管存在较大差异。其次，金融科技业务背后海量、复杂的信息结构与系统客观上增加了风险识别的难度。面对高度虚拟化、网络化、分布式的金融科技体系，与之匹配的信息技术、监管能力以及技术资源等都对监管体系提出新的要求。最后，随着金融科技创新的快速发展，传统监管模式已不能满足金融业的快速发展，监管者需要增强监管有效性。

金融科技对金融从业人员提出挑战。金融科技在替代一部分人类劳动的同时，也创造了新的就业机会。比如，大数据智能风控减少了审批人员的数量，但是增加了技术、数据和风控的就业机会。数字经济时代涌现的平台企业拓宽了市场边界，使弱势群体更便利地参与市场交易，共享市场经济繁荣。政府需要进一步加强社会保障和社会保险，辅之以劳动力市场机构改革以促进劳动力跨行业转移和再就业。

四、确保金融科技应用的安全可靠

金融科技以信息技术为核心，随着交易规模和交易量的不断上升，形成了庞大、复杂、相互关联的信息系统，这对金融科技的信息技术安全提出了更高的要求和标准。由于网络空间的开放性和互动性，金融科技发展面临着网络安全、平台安全和信息与数据安全等多种信息技术安全风险隐患。

移动互联、大数据、云计算、人工智能、区块链等金融科技发展主要技术手段，相互之间具有很强的协同性与同源性，因而面临的风险具有很强的相似性。监管者针对个别金融科技公司风险进行规制的同时需对类似风险进行全局性管控，对技术发展过程中可能面临的风险进行分析和整合，进而形成一套高系统性、强协调性的技术风险防范体系。要完善金融科技法律法规，搭建起金融科技的法律体系。加强金融科技信息安全技术体系建设，开发具有高度自主知识产权的核心技术，在金融科技的关键领域和关键环节使用国产化软硬件设备，提升金融科技行业的信息安全风险防范能力。提升数据传输中的信息安全风险防范能力，引入电子认证技术等多种措施提升数据在传输过程中的信息安全性。重视对用户的信息安全教育，普及网络安全知识，引导投资者提高风险意识、养成良好的网络使用习惯，推动形成全社会重视数据安全的良好氛围。

五、建设用于金融科技发展的数据保护环境

大数据是金融科技创新的基础，金融科技发展是建立在数据的基础之上的。数据作为一种战略资源，在开放和共享过程中会产生更大价值。但是，大数据、云计算、移动互联网、社交网络以及各种智能终端的普及使得个人数据无处遁形，而跨机构、跨行业的数据共享共用也成为各大企业争相追逐的战略制高点，自然人的天然弱势地位导致其难以掌控自身数据。所以，在数据的运用之中，用户个体的权益往往被忽略、违法数据收集日益频繁、个人隐私面临严峻挑战。为了应对数字时代个人数据的新挑战，欧盟委员会重新审视现有的个人数据保护法律框架，于 2016 年 4 月 14 日，投票通过了商讨四年的《一般数据保护条例》（*General Data Protection Regulation*，GDPR）。该法案已于 2018 年 5 月 25 日正式生效。

为了更好地促进金融科技发展中的数据应用，我们首先要从立法的层面完善与个人数据保护有关的法律体系，加强对数据在收集、使用、处理、交易、出境等各环节的规范监管。其次，大数据是体现为数据集、数据技术和数据应用的资产，因而要保障大数据的主体利益。最后，建立大数据分类分级安全保护机制，结合各行业数据的敏感程度、数据脱敏与否、数据可用性要求等对大数据资产进行分类分级，采取不同级别的安全防护策略。

六、制定金融科技的标准

目前，金融创新层出不穷，与金融科技有关的名称五花八门，部分新产品处于灰色地带，一些公司披着金融科技的伪装进行非法集资或非法借贷。而且，各国已经逐渐认识到标准在金融科技发展中的基础性与战略性作用。因此，出于对金融科技的正本清源，同时也为了抢占金融科技国际标准话语权，推进金融科技标准化建设就彰显出重要性。大湾区应探索制定金融科技国际标准和规则，输出先进理念技术和模式，努力成为金融科技发展的领导者和规则的制定者。首先，研究制定移动互联、大数据、云计算、分布式账本、人工智能等创新技术在金融业应用的相关标准，完善金融业标准体系。其次，通过标准化构建金融科技生态圈。发挥行业基础设施、自律机制、产业联盟在标准制定过程中的引导和协调作用，借助开发平台、接口协议、服务调用等多种技术形式来促进标准的发布和实施，利用标准带动企业进行深度合作，打造金融科技生态圈。最后，推动我国金

融标准走向国际，是加强我国金融业竞争优势，打破国外经济技术壁垒的重要保障。我们要在把握国际标准发展脉络的前提下，积极参与金融科技领域的国际标准研制，增强全球金融科技发展的话语权，以此提升我国金融标准的国际影响力。

七、培养金融科技人才

人才是事业之本，金融科技人力资源是金融科技创新的主体，也是金融科技运行与职能实现的重要支撑。然而，由于金融科技行业始终处于高速发展阶段，人才的供给已经跟不上行业扩张的步伐。在"金融＋科技"的背景下，金融科技需要金融、技术、产品、风险等多类型的人才，尤其是需要有全新理念、精通科技应用的复合型人才。

总的来说，金融科技人才来源于现有人才的存量（包括金融科技公司、金融机构等）、新进入的增量（包括应届毕业生和海外招募）。因此，可以通过教育途径和培训来增加金融科技人才的供给。

首先，应建立服务实体经济发展的金融科技人才培养机制，加大博士和硕士的培养规模。在金融科技人才培养中，政府应起到关键性的基础作用，做好人才培养的顶层设计与规划。可以明确划分财政投入中对金融科技人才培养的比例，创立高素质金融创新人才队伍建设专项经费，引进高端人才的专项经费，加大对有关金融科技人才就业、培训、继续学习等方面公共基础设施环境建设的投入等。加强金融科技平台内高新技术产业开发区、大学科技园、重点实验室等的规划建设。打造不同领域、不同层次的一流院校，支持根据金融科技的理论与应用进展状况而建设的校企共建试点学院。

其次，可通过培训盘活存量金融科技人才。通过多种途径为不同阶段的人才创造丰富实用的培训产品，逐步建立和完善培训体系。

再次，推动校企共建，强化产学研相结合。校企合作是学校深化教学改革、提高技能人才培养质量的一个有效途径，同时也为企业优选人才提供了良好的平台。通过建立产学研基地、定向委托培养、建立实验室等，鼓励企业高管走进学校授课，开启校企合作新模式。

最后，探索个性化人才培养。对急需人才实行精细化和高端化的针对性人才培养计划。高校应借助教育信息与技能发展的平台，加大案例教学的力度。针对课程，挑选金融科技的经典案例进行辅助教学。